Gábor Fancsalszky - Tibor Kádas - Gyula Siklósi

VON DEN GERMANEN ZU DEN UNGARLÄNDISCHEN DEUTSCHEN

Diese Ausgabe ist mit dem Zuschuß des Ministeriums für die Nationale Kultur, der Deutsche Minderheitenselbstverwaltung Wudigeß und der Stiftung für die Ungarische National und Etnische Minderheiten erschienen

VON DEN GERMANEN
ZU DEN UNGARLÄNDISCHEN
DEUTSCHEN
Titelbild: Perbál/Perwall,
Wegkreuz von Georg und Anna Reich
geborener Manherz (1898)
© Gábor Fancsalszky–Gyula Siklósi
Redaktion: Gyula Siklósi
Foto: Tibor Kádas
Entwurf: Codex Print Nyomda, Budapest
ISBN 963 00 6237 2
Alle Rechte vorbehalten
Budapest, 2001

Gábor Fancsalszky - Tibor Kádas - Gyula Siklósi

VON DEN GERMANEN ZU DEN UNGARLÄNDISCHEN DEUTSCHEN

Germanische Völker im Karpatenbecken

Das erste nachchristliche Jahrtausend der Geschichte des Ungarlandes war neben den Römern und völkerwanderungszeitlichen Stämmen aus dem Osten auch das Zeitalter der verschiedenen germanischen Völker.

Zur Bekräftigung dessen sei eingangs nur auf die Tatsache verwiesen, daß die Geschichte des heutigen ungarischen Territoriums im Zeitraum zwischen dem Zuwandern der Markomannen in Pannonien etwa um 50 n. Chr. und dem 10. Jahrhundert, als die Lanzen der Wikinger in die Erde gelangten, von den Mitgliedern 16 verschiedener germanischer Völker bzw. Stämme aktiv mitgestaltet wurde.

Hierher gehören solche auch vom Standpunkt der Geschichte Europas (und somit der ganzen damals bekannten Welt) bedeutende Ereignisse wie die markomannisch-quadischen Kriege Mark Aurels, der Aufstieg und die Herrschaft der großen germanischen Könige des Hunnenzeitalters, die Abwanderung der Langobarden nach Italien sowie die Awarenfeldzüge Karls des Großen.

Die oben erwähnten Völker in möglichst chronologischer Reihenfolge:
Markomannen. Ein Teil ihres Volkes siedelt sich nach 50 n.Chr. in Pannonien an.
Quaden/Sueben (als Sueben bezeichnet man sie nach 406). Ab der Zeit um 90 n.Chr. führen sie Krieg gegen die Römer.
Obier. 166-167 fallen sie zusammen mit den Langobarden in Pannonien ein.
Langobarden. 166-167 ist erstmals von ihnen zu hören. Ihre Rolle gewinnt nach 510 an Bedeutung, als sie in das Gebiet Pannoniens übersiedeln. Nach ihrem Sieg über die Rugier, Heruler und später die Gepiden wandern sie auf Druck der Awaren, oder wenn man so will, auf deren Einfluß, zusammen mit sächsischen Stämmen nach Norditalien im Oster 568.
Victovalen. Sie tauchen nach 168 im nordwestlichen Teil Daziens auf und siedeln später in die Große Tiefebene über, wo sie um 290 mit den Theißgepiden verschmelzen.
Gepiden. Nach 270 erscheinen sie am Oberlauf der Theiß, doch die Wisigoten verhindern ihr Eindringen in Dazien, das sie erst nach deren Abzug im Jahr 376 besetzen. Danach dehnen sie ihr Siedlungsgebiet auch auf das Donau-Theiß-Zwischenstromland aus. Im hunnischen Zeitalter sind sie das stärkste Hilfsvolk und später die Anführer der sich gegen die Hunnen erhebenden Völker. Nach der Niederlage gegen das awarisch-langobardische Bündnis ist bis ins 9. Jahrhundert mit Resten des Gepidenvolkes zu rechnen.
Wandalen. Um 270 fallen sie in Pannonien ein und dringen bis Aquincum vor. Nach 330 kämpfen sie als Verbündete der Theißgepiden gegen die Wisigoten und Taifalen. 406 überqueren sie den Rhein und beenden ihre Wanderung in Nordafrika.
Taifalen. Tauchen nach 290 in der Walachei auf und kämpfen ab 330 im Bündnis mit den Wisigoten gegen die gepidisch-wandalischen Kräfte.

Goten. Eines der bedeutendsten germanischen Völker der Völkerwanderungszeit. Bekannt sind zwei Gruppen.

Wisigoten. (Westgoten bzw. Terwinger="Wald"-Goten). Aus ihrer Urheimat im Norden wandern sie zusammen mit den Gepiden ab. Um 270 erreichen sie Siebenbürgen, von wo sie nach 376 vor den Hunnen fliehen. Anschließend kommen sie nach Pannonien, das sie 408 endgültig verlassen.

Ostrogoten. (Ostgoten bzw. Greutunger="Tiefland"-Goten). Ihr Reich am Schwarzen Meer fegen um 375 die Hunnen hinweg. Von den verbündeten germanischen Völkern des Ostens gelangen damals die Skiren, die Rugier und auch die Heruler unter hunnische Herrschaft. Drei Gruppen ihres verstreuten Volkes siedeln die Römer nach der Niederschlagung der Hunnen, zwischen 456 und 473, im Gebiet Pannoniens an, um das Erstarken der gepidischen Liga zu kompensieren. Von hier ziehen sie nach Italien weiter. Einer der berühmtesten Nachkommen ihrer hiesigen Dynastie, Theoderich der Große, ist 504–535 als Herrscher des Westens praktisch auch Oberhaupt von Pannonien.

Skiren. Als einer der ostgermanischen Verbündeten der Ostrogoten werden sie um 375 ebenfalls von den Hunnen unterworfen. Nach dem Sturz der Hunnen sind sie Mitglied der siegreichen Gepiden-Liga, doch 469 unterliegen sie den Ostrogoten. Ihr König fällt in dem Kampf und Pannonien wird Teil des italischen Königreichs seines den letzten Kaiser von Rom dethronisierenden Sohnes Odoaker, der 493 von Theoderich dem Großen bezwungen wird.

Rugier. Sie werden ähnlich wie die Skiren von den Hunnen unterworfen. Später erstreckt sich ihr Königreich am österreichischen Abschnitt der Donau. Nach 455 sind zwar auch sie Mitglieder des siegreichen Bündnisses mit den Gepiden, dennoch wird ihr Land 487 von Odoaker, dem Sohn des einstigen skirischen Waffengefährten, zerschlagen.

Heruler. Im Hunnenzeitalter ergeht es ihnen ähnlich wie den beiden vorgenannten Völkern. Nach dem Untergang ihrer Nachbarn, der Rugier, nehmen sie deren Gebiete und daneben die Kleine Tiefebene in Besitz. Im Jahr 509 werden die "Tapfersten aller Germanen" von den nach Pannonien ziehenden Langobarden besiegt.

Bayern. 776 weichen bayerische Herzöge der Eroberung durch Karl den Großen ins Awarenreich aus. Demgemäß kann man nicht von sonderlich wichtigen Ereignissen sprechen.

Franken. Im Jahr 539 tauchen sie zum ersten Mal auf, als sie mit den Gepiden ein Bündnis gegen Byzanz eingehen, das sich jedoch als erfolglos erweist. Zwischen 791 und 805 führen Karl der Große bzw. sein Sohn Pippin ihre Awarenkriege. Nach deren erfolgreichem Abschluß wird die Provinz Oriens des ostfränkischen Reiches gebildet, zu der auch Pannonien gehört.

Normannen. Archäologische Funde und Angaben in Schriftquellen deuten darauf hin, daß im 10. Jahrhundert und in der ersten Hälfte des 11. Jahrhunderts mit der Anwesenheit von skandinavischen (als Waräger-Russen bzw. Kölpenj bezeichneten) Leib- und Grenzwächtern zu rechnen ist, die im Dienste des ungarischen Königshauses standen.

Es lohnt sich, die chronologisch wichtigsten Punkte der obigen Aufzählung hervorzuheben.

Bis zum Auftauchen der Hunnen haben die germanischen Stämme nur ein Ziel vor Augen, nämlich hinter die Wohlstand und Sicherheit bedeutenden Grenzen des Römischen Reiches zu gelangen. Die Ereignisse der nach 376 einsetzenden Völkerwanderung erschüttern das bis dahin feste antike Gefüge, nach und nach zeichnen sich die späteren europäischen Staaten ab, und in der letzten Phase beginnen die bereits herausgebildeten Feudalstaaten mit ihren Eroberungen im Osten.

50 n. Chr. Zeitpunkt der ersten erfolgreichen "Kontaktaufnahme". Der in einem Bündnisverhältnis zu Rom stehende Markomannenkönig Vannius flieht vor dem ihn stürzenden Maroboduus aus seinem Klientelstaat nach Pannonien.

168. Den ersten ernsthafteren Angriffsversuch der Germanen (166–167), an dem sich 6000 Krieger der Langobarden und Obier beteiligen, kann das damals noch schlagkräftige römische Heer leicht abwehren. Weltgeschichtliche Bedeutung erlangt das Überschreiten des Limes (der Grenzlinie) in den im darauffolgenden Jahr ausbrechenden markomannisch-quadischen Kriegen Mark Aurels (Abb. 1).

Zwischen 269 und 290, also einhundert Jahre später, strömen neue Völker nach. Ins Reich können die Gepiden-, Wisigoten-, Wandalen- und Taifalenstämme zwar vorerst nicht einfallen, besetzen aber dessen Grenzregion. Das ist in Ostungarn und Siebenbürgen der Beginn des germanischen Zeitalters (Abb. 2).

Bis 376, d.h. bis zum Beginn der klassischen Völkerwanderung, vergehen weitere hundert Jahre. Der Druck der die Grenze zu Europa überschreitenden Hunnen setzt die ostgermanischen Stämme unaufhaltsam in Bewegung, die die Wälle des geschwächten römischen Grenzschutzes überrollen. Von den Ostrogoten, Skiren, Rugiern und Herulern, die sich den unbesiegbaren Hunnen unterwerfen, werden die panikartig fliehenden Wandalen, Sueben und Alanen indirekt über den Rhein geschoben. Dieser Tag, der 31. Dezember des Jahres 406, bedeutet für den Westen den "offiziellen" Beginn der Völkerwanderungszeit (Abb. 3).

Nach 455, mit dem Ende der Hunnenzeit, nehmen die siegreichen Germanen die Lenkung Italiens und Westeuropas in die Hand. Im Gebiet von Ungarn beginnt parallel dazu die ostrogotische Periode Pannoniens (456–473), der die Besetzung durch die Langobarden folgt (526–568), und am Ende dieses reichlich hundertjährigen Zeitraums steht die Landnahme der Awaren (Abb. 4 und 5).

Im Jahr 791 erreicht Karl der Große, der Herrscher größten Formats der sich festigenden westgermanischen Staaten, im Laufe seiner Eroberungszüge das Territorium des späteren Ungarn. Innerhalb von mehr als zehn Jahren besetzen die Franken die pannonische Hälfte des awarischen Khaganats, die anschließend, praktisch bis zur ungarischen Landnahme, unter dem Namen Oriens einen Teil des Karolingerreiches bildet (Abb. 6).

10. Jahrhundert. Von dem für Westeuropa so denkwürdigen Zeitalter der Normannen erreichen uns nur Signale. Der sich etablierende ungarische Staat beschäftigt skandinavische Krieger als Grenzwächter oder im Gefolge der Herzöge, so daß in unserem Fall von einer Eroberung keine Rede sein kann (Mitte 10. bis erste Hälfte 11. Jahrhundert).

Detaillierte Geschichte der Ereignisse

Bis zum Beginn unserer Zeitrechnung herrschten die Kelten über die westliche Hälfte des Karpatenbeckens, und auch die Römer eroberten nur diesen Teil. An der Nordwestgrenze ihrer so gebildeten Provinz Pannonia trafen sie auf das erste hiesige Germanenvolk. Im Jahre 17 n. Chr. schlossen die Markomannen ("die an der Grenze lebenden Menschen") unter ihrem König Vannius ein Bündnis mit dem Römischen Reich; auf diese Weise entstand ihr sog. Klientelstaat. Doch im Jahre 50 ist Vannius gezwungen, vor dem gegen ihn aufbegehrenden Maroboduus nach Pannonien zu fliehen — er ist der erste, dem es gelingt, hinter dem römischen Limes, genauer gesagt am südlichen Ufer des Neusiedlersees, Zuflucht zu finden. Mit der Aufnahme des früheren Verbündeten kam jener Prozeß ins Rollen, der mit dem Untergang des Imperiums endete: Ein Teil der den Wohlstand kennenlernenden freien Germanen will nun erst recht und um jeden Preis in die Gebiete gelangen, die unter römischer Oberhoheit stehen.

Nach dem Jahr 90 brechen die östlichen Nachbarn der Markomannen, die in der Gegend des Donauknies lebenden Quaden (nach 406 nennt man sie Sueben), im Bündnis mit dem Volk der Sarmaten-Jazygen, die östlicher, iranischer Abstammung sind und im Donau–Theiß-

Zwischenstromland siedeln, einen Krieg vom Zaun. Der Angriff endet mit einer schweren Niederlage der Römer. Sie verlieren eine ganze Legion (XXI Rapax), das heißt 6.000 Soldaten. Während der Kaiserzeit waren im gesamten Reich in der Regel 30 Legionen stationiert. Dieses Ereignis verändert die militärische Konstellation in Europa: Der Schwerpunkt verlagert sich vom Rhein an die Donau. Bis zum Ende des 1. Jahrhunderts n.Chr. baut man längs des nördlichen Abschnitts der Donau vier Legionslager gegen die Germanen (Vindobona-Wien, Carnuntum-Deutsch-Altenburg, Brigetio-Szőny, Aquincum-Óbuda/Altofen). Das heißt, in dieser Zeit wird Pannonien zur gefährdetsten Provinz.

Verglichen mit den übrigen Gebieten gab es nur in Britannien und Syrien eine so hohe Truppenkonzentration. Diese brachte die Angriffe der Barbaren vorerst zum Stehen. Doch schon bald stellte sich heraus, daß es keineswegs übertrieben war, fast ein Siebtel des gesamten Heeres hierher zu beordern.

Zwischen 165 und 167 warnt ein Angriff der Langobarden ("Langbärte")-Obier erstmals davor, nur mit den einheimischen Stämmen zu rechnen: Die Wanderung der Germanen aus dem Norden nach Süden beginnt. Dieser Angriff wird tief ins Innere Pannoniens getragen, ist jedoch im Vergleich zu den Gefahren der 168 ausbrechenden markomannisch-quadisch-sarmatischen Kriege leicht abzuwehren.

Die als Markomannenkriege bekannt gewordenen Kämpfe zwischen 168 und 179 finden hauptsächlich unter persönlicher Führung des Kaisers Marcus Aurelius statt; anfänglich mit bedeutenden Erfolgen für die Germanen. Den schicksalhaften Wendepunkt im Kampf stellt das berühmte "Regenwunder" des Jahres 173 dar (irgendwo am Flüßchen Gran, wo der Kaiser übrigens auch sein Buch "Reflexionen" schrieb): Die Quaden hatten die Römer an eine heiße und trockene Stelle gedrängt, von wo diese weder entfliehen, noch an Trinkwasser gelangen konnten. Doch durch ein plötzlich ausgebrochenes, heftiges Gewitter und Regenfälle wendete sich nicht nur der Gang der Schlacht, sondern des ganzen Krieges. (Die Szene ist auch an der am Piazza Colonna stehenden Marcus-Säule in Rom zu sehen — Abb. 7.)

Nach 250 treten die wirklich schwerwiegenden Folgen der oben erwähnten Wanderung der Germanen des Nordens erstmals in aller Deutlichkeit in Erscheinung. Die Rede ist von den Goten. In einer Schlacht mit den Eindringlingen fällt 251, zum ersten Mal in der Geschichte Roms, auch der Kaiser (Decius). Anschließend ziehen die siegreichen Wisigoten (Bedeutung des Wortes: rechtschaffen, gut; mit anderem Namen: Terwinger = Waldgoten, sowie unrichtig, aber der Himmelsrichtung entsprechend: Westgoten) in Siebenbürgen ein, was einer der Gründe zur Aufgabe der Provinz Dacia sein wird.

Nach 270 taucht eine neue Gefahr auf: das Volk der Gepiden. Auch sie hatten sich ursprünglich zusammen mit den Goten von ihrer Urheimat im Norden auf Wanderung begeben. Doch nach der nicht ganz der Schärfe entbehrenden gotischen Überlieferung machten sie ihrem soviel wie "faul" bedeutenden Namen alle Ehre und blieben hinter den weiterziehenden Goten zurück. Natürlich war das nur die Interpretation der Goten. In ihrer eigenen, der gotischen zwar ähnelnden, Sprache bedeutete ihr Name: freigiebig, nobel. Tatsache ist, daß die Gepiden in Siebenbürgen zunächst keinen Einlaß finden und sich im nordöstlichen Teil der Tiefebene, am Oberlauf der Theiß, niederlassen. Um das Jahr 290 versuchen sie unter ihrem König Fastida und in einem Gelegenheitsbündnis mit den Wandalen erneut, das von den Heeren der Goten und Taifalen verteidigte Dazien zu besetzen - wiederum ohne Erfolg.

Aber auch andere germanische Stämme mögen damals in Bewegung gewesen sein. Denn gegen sie bauen die Römer um 365 das Netz von Wachttürmen (Burgus) am Donauknie aus. Daß es um ernsthafte Kämpfe ging, darauf deutet der Tod Kaiser Valentinianus I. hin, der 375 in Brigetio während seiner Verhandlungen mit den quadischen Gesandten — wenn auch an Gehirnschlag — stirbt.

Alle diese Ereignisse aber erscheinen im nachhein wie ein Intermezzo, verglichen mit dem "Erdrutsch", der dem Jahr 376 folgt. Der Einbruch der Hunnen in Europa verändert die Kräfteverhältnisse grundlegend. Bis dahin schien sich die von Rom verfolgte Politik des "divide et impera!" (teile und herrsche) im großen und ganzen zu bewähren: Die verschiedenen barbarischen Stämme gegeneinander ausspielend, ja ihre inneren Konflikte ausnutzend, war es ihm im allgemeinen gelungen, den Status quo aufrecht zu erhalten. Der unaufhaltbare hunnische Angriff aber schiebt die fliehenden Germanen und anderen Völker mit solcher Wucht auf die römische Grenze zu, daß ihm mit diplomatischen Mitteln nicht mehr beizukommen ist.

Es begann um 375 mit der Unterwerfung des Vielvölkerreiches der Ostrogoten (Bedeutung des Wortes: glänzend, strahlend; mit anderem Namen: Greutunger = Tieflandgoten bzw. Ostgoten) am Schwarzen Meer. Ihr König Ermanarich kam dabei ums Leben. Neben den besiegten Goten unterwarfen sich den Hunnen auch die ostgermanischen Stämme der Skiren, Heruler und Rugier.

Im Jahr 376 folgten die siebenbürgischen Wisigoten. Deren König Athanarich war zwar nicht umgekommen, sein Volk aber gezwungen, zu fliehen. Ein Teil von ihnen wollte unter Führung von Alavivus und Fritigern versuchen, im römischen Reich Einlaß zu finden. Schon am Donauübergang zogen die hilfsbereiten Römer beträchtlichen Nutzen aus ihrer Notlage, und in ihren provisorischen Flüchtlingslagern boten sie ihnen ohne Gewissensbisse sogar Hundefleisch an. Die aufgebrachten Goten töteten 378 in der Schlacht bei Hadrianopel (Edirne) auch Kaiser Valens - wen würde es wundern! Infolge dessen sahen sich die Römer gezwungen, die entstandene Situation abzusegnen: Sie akzeptierten die Anwesenheit der Barbaren, die sich ohnedies bereits im Reichsgebiet befanden, auch offiziell.

Nun konnten diese uneingeschränkt von einer Provinz in die andere ziehen. Auf diese Weise gelangten die von Alatheus und Saphrax geführten westgotisch-alanisch-(und kein Irrtum!) hunnischen "Heere" 379 nach Pannonien, mit dem einzigen Ziel, es zu plündern. Was blieb den beiden Herrschern übrig? Zum Dank für deren Ruhmestaten siedelten Gratianus und Theodosius I. sie als *foederati* (verbündete Barbaren) in der Provinz an. Das folgende Vierteljahrhundert ist aus der Sicht Pannnoniens — zum ersten, aber nicht zum letzten Mal in seiner Geschichte — ein Zeitalter der Zerstörung und Anarchie.

Hinzu kommen 401 die nordpannonischen Verwüstungen der durchziehenden Wandalen, und auch Alarichs Goten nehmen ihren Weg über Pannonien, als sie in Italien einfallen. Zwar gelingt es dem römischen Militärbefehlshaber Stilicho wandalischer Abstammung, sie auszusöhnen und danach in der Provinz anzusiedeln. Doch das hindert Alarich im Jahre 410 nicht im geringsten, Rom auszuplündern.

405 wird es für die osteuropäischen Germanen offensichtlich, daß der hunnische Angriff von 376 nur ein Vorspiel war. Zum wirklichen Schlag holten die Hunnen jetzt aus: Sie würden ihr Machtzentrum nach Europa verlagern, denn ihren Plänen zur Erlangung der Weltherrschaft stand nur noch das Römische Reich im Wege.

Der Erkenntnis folgte die Tat: Am 31. Dezember des Jahres 406, dem "offiziellen" Beginn der Völkerwanderungszeit in Westeuropa, überschreiten die von Godegisel geführten Heere der Wandalen, Sueben (ab dem Zeitpunkt nennt man sie nicht mehr Quaden), Alanen und Schillingen (Wandalen, nach denen das polnische Schlesien benannt ist), vor den Hunnen flüchtend, den Rhein.

Von da an bis zum Tode Attilas (453) lenkten die Hunnen die Ereignisse. Als die Hunnen nach 424 ins Karpatenbecken vordringen, tun sie im großen und ganzen das gleiche wie seinerzeit die Römer: Im Interesse ihrer eigenen Ziele spielen sie die einzelnen germanischen Völker gegeneinander aus und benutzen sie. Sie sehen zu, wenn diese sich gegenseitig vernichten, lassen sie als Verbündete aber sogar in die Nähe der Macht, wenn sie auf ihre Hilfe angewiesen sind.

Die nach Italien ziehenden Ostrogoten plündern zur Abwechslung wieder einmal Pannonien, diesmal unter Führung von Radagasius, während Thorismund mit hunnischen Verbündeten die Sueben und Gepiden besiegt. Nach neuesten Forschungsergebnissen gelangten in Szilágysomlyó (Abb. 8–10.) die Schätze der damals ausgerotteten gepidischen Herrscherdynastie zum Vorschein.

Mangels Quellen fällt es schwer, präzise Angaben zu machen. Gewiß ist nur soviel, daß am ungarländischen Hofe Attilas, der sich irgendwo im südlichen Teil der Großen Tiefebene befand, nach 447 schon zahlreiche verbündete germanische Herrscher lebten: der Skire Edika und der Stärkste von allen, der von den Hunnen "bestätigte" Gepide Ardarich. Nicht zu vergessen Orestes, der Aristokrat einheimischer Abstammung und Vater des Romulus Augustulus, des letzten Kaisers von Westrom. Daß Odoaker, der Sohn des zusammen mit Orestes "dienenden" Edika, den etwa 16jährigen Kaiser im August des Jahres 476 dethronisierte — nachdem er zuvor dessen Vater hatte hinrichten lassen —, ist eine allgemein bekannte und dennoch weltgeschichtliche Tatsache. (Wie ebenfalls bekannt, selbst wenn es nicht unmittelbar hierher gehört, ereilte Odoaker ein ähnliches Schicksal: Am 15. März 493 nimmt er zusammen mit seinem Sohn und Gefolge an einem Festgelage teil, wo ihn der neue Herr über Italien, Theoderich der Große, ermorden läßt.)

Nach dem Tod Attilas stellte sich heraus, wer Herr im Hause war. Die früheren "Verbündeten" wagten deshalb gegen die Hunnen aufzubegehren, weil Attila keinen würdigen Nachfolger hatte. Die Macht erbte sein ältester Sohn Ellak, den sein Vater jedoch nicht mochte. Der mittlere Sohn, Dengitzik, ähnelte dem Vater charakterlich am meisten, diesem war jedoch von allen dreien der jüngste Sohn, Ernak (Irnek), am liebsten. Vergeblich rebellierten sie gegen den Bruder, die Frage der Thronfolge entschied Ellak für sich. Allerdings hat diese Tatsache gewiß auch die Heerführung weitgehend beeinflußt.

Im Jahr 455 kam es an dem nicht genau lokalisierbaren Fluß Nedao zur Entscheidungsschlacht zwischen den unter gepidischer Führung stehenden suebisch-rugisch-herulisch-skirisch-sarmatischen Bündnistruppen und dem von Ellak angeführten Heer der Hunnen, Ostrogoten und Alanen. Mit dem Tod Ellaks ging im wesentlichen ein Zeitalter zu Ende und ein neues begann: die Jahrzehnte der Germanen, die überlebt hatten. Die Sieger machten von ihren Rechten Gebrauch, und damals erfüllte sich auch der lange gehegte Wunsch der Gepiden, da sie den Goten endlich Siebenbürgen abjagen konnten. Vermutlich plünderten die neuen Inhaber der Macht nicht nur die hunnische Schatzkammer, sondern vermehrten ihren Reichtum zudem mit dem Goldtribut, den Byzanz ihnen zahlte. Vom Luxus an ihren Königshäusern künden die trotz ihres fragmentierten Zustandes prächtigen Funde. Das Geschmeide und die Machtinsignien des gepidischen Herrschers von Apahida (Omharius) (Abb. 11–12.) oder der Fund von Szamosfalva lassen sich nur mit den Gegenständen der bekanntesten zeitgenössischen Fürsten des Westens vergleichen. Aber auch der an die Skiren zu bindende Fund von Bakodpuszta (Abb. 13.) ist einer der reichsten Frauengrabfunde dieser Zeit in Europa.

Dem Siegestaumel der Mitglieder der gepidischen Liga konnte das römische Reich natürlich nicht tatenlos zusehen (war es doch die schreckenerregendste Macht des Zeitalters, mit der sie abgerechnet hatten). Deshalb bot es sich als Lösung geradezu an, die besiegten Ostrogoten ins Spiel zu bringen. Eine der Folgen davon war die ostrogotische Periode Pannoniens (456–471). In einem selbständigen Fürstentum im südöstlichen Teil von Transdanubien siedelten sie die Untertanen Thiudimers, Walamers und Widimers an. Unter Führung ihres Königs Thiudimer schlagen die Goten im Jahre 469 am vorerst nicht identifizierten Flusse Bolia die Gepiden-Liga. Hier fällt vermutlich auch Edika und einer seiner Söhne, Hunwulf (hunnischer Wolf). Die bei den ehemaligen "Verbündeten" der Hunnen gepflegten Bräuche der Namengebung verraten übrigens viel über die Kräfteverhältnisse unter Attila: Die Sueben werden von Halarich und

Hunimund in die Schlacht geführt. Trotz ihres Erfolges verließen die Ostrogoten das ohnehin ausgeplünderte Pannonien schon bald. Dazu beigetragen haben mag auch der Umstand, daß es ihnen nicht gelungen war, ihren ältesten Feind, die Gepiden, ganz niederzuringen. Unter den nach 471 abwandernden Goten befand sich auch der Sohn Thiudimirs, der damals gerade dem Kindesalter entwachsende Theoderich (der Große) (Abb. 14.). Der Legende zufolge soll einer der größten germanischen Könige in einem der gotischen Quartiere in der Umgebung des Plattensees geboren worden sein. Das stimmt jedoch nicht, da er das Licht der Welt um 453/54 noch in der östlichen Heimat der Ostrogoten, am Pontus, erblickte. Als König von Italien bildete der Fluß Drau stets die nördliche Grenze seiner pannonischen Besitzungen. Seiner Geburt angemessen wollte er vorwiegend die Gepiden vernichten, wozu sich hauptsächlich in Sirmium Gelegenheit bot. Sein Tod am am 30. August 526 bedeutete das Erlöschen einer mit Attila vergleichbaren Kraft, denn sofort begann die Neuaufteilung der Siedlungsgebiete im Karpatenbecken.

Das Erscheinen der Langobarden setzte den großen germanischen Völkerbewegungen im wesentlichen ein Ende. Im Laufe ihrer Wanderunggen Süden besiegten sie 488 zunächst die Rugier und vor 510 dann die Heruler. Damit erzürnten sie jedoch Theoderich den Großen, da der Herulerkönig Rodulf (roter Wolf) ein "mittels Schwert angenommener Sohn" des italischen Königs war. Fakt ist, daß der siegreiche Langobardenkönig Tato von seinem Neffen Wacho ermordet wird, der so auch dessen Herrschaft übernimmt. Ihn hält die langobardische Überlieferung für den Eroberer Pannoniens. Erster König der Region wird dennoch Audoin, den man hier auch schon bestattet. Um die tatsächliche Macht kommt es zu blutigen Kämpfen mit den Gepiden, die 551 von den Langobarden auf dem "Asfeld" (Walstatt der Götter), irgendwo in Sirmium, besiegt werden. Allerdings ist dieser Fall ein Paradebeispiel für das Sprichwort: Die Schlacht gewannen sie zwar, den Krieg aber nicht. Denn die Gepiden, die bislang schon so oft besiegt worden waren und doch immer überlebt hatten, erwiesen sich auch für die Langobarden als zu großer Happen. Im Kampf standen sich von langobardischer Seite Alboin, Audoins Sohn, sowie der auf dem Asfeld fallende gepidische Thronfolger Kunimund gegenüber. In den folgenden Jahren versuchten beide Völker, mit jeweils wechselnder "Unterstützung" des verbündeten Byzanz, das andere zu vernichten. Bis die Langobarden erkannten, daß sie allein nicht siegreich sein würden.

Alboin hielt die um 567 auftauchenden Awaren für angemessene Bundesgenossen. Das traf insofern zu, als sie wirklich gemeinsam über die Gepiden obsiegten. Doch daß es auch seine Lage erleichtern würde, darin irrte er sich. Im Gegenteil, innerhalb eines Jahres mußte er einsehen, daß es besser sei, freiwillig abzuziehen. (Die Situation erinnert entfernt an die Ereignisse, die sich gut einhundert Jahre zuvor in Britannien abspielten. Dort hatte der britische König Vortigen, weil er sich der Pikten nicht erwehren konnte, aus elbgermanischen Angeln, Sachsen und Jüten bestehende, von Hengist und Horsa geführte Söldnertruppen zu Hilfe gerufen, die er dann nie wieder los wurde, so daß man sie noch heute - auch - Angelsachsen nennt.) Zwar ist es richtig, daß die Langobarden mit dem awarischen Khagan Bajan einen Freundschaftsvertrag schlossen, die tatsächliche Lage aber spiegeln die Umstände ihres Abzuges wider. An Ostern des Jahres 568 machte sich das ganze Volk, nachdem es seine Wohnstätten in Brand gesetzt hatte, mit all seinem Hab und Gut auf den Weg, um in Italien eine neue Heimat zu suchen. Auch im Falle der ungarischen Landnahme ist das nicht anders gewesen, deren Grund ebenfalls Flucht war. Alboin ahnte, daß sein Heer für eine Eroberung nicht stark genug sein würde. Deshalb verband er sich mit den Sachsen, die jedoch nach seinem Tode, im Jahr 572, wieder nach Hause zogen. Von den Awaren waren selbst die Gepiden beeindruckt, und zwar so stark, daß ein Teil von ihnen lieber zusammen mit den Todfeinden, den Langobarden, nach Italien auswanderte, als an Ort und Stelle zu bleiben. Wenn es wahr ist, daß sich Alboin aus dem Schädel des gefallenen

Kunimund eine Trinkschale hat anfertigen lassen, dann kann man sich vorstellen, wie die die zweite Möglichkeit darstellenden Awaren gewesen sein mögen. Die Erinnerung an die langobardischen Eroberer lebt im Namen der Provinz Lombardei weiter, und auf die Gepiden deuten die Namen der Dörfer Zibedo bzw. Zebedo hin.

Im Jahr 568 wurde also der Punkt hinter die eigenständige mitteleuropäische Geschichte der verschiedenen germanischen Völker gesetzt. Zwar lebten auch danach noch viele Gepiden in dieser Region, die später sogar gemeinsam mit den Awaren gegen Byzanz kämpften. Doch ihr eigenes Land existierte nicht mehr.

Die nächsten 250 Jahre gehörten den Awaren. Infolge ihrer Kämpfe und geographischen Lage hatten sie häufig Kontakt zu den benachbarten Germanen. Konkrete Beweise dafür liefert die Archäologie: In den frühawarischen (568–670) Gräberfeldern findet man relativ häufig Frauen, die in typisch germanischer Tracht bestattet wurden, und auch die typischen zeitgenössischen Waffen und Gegenstände der Germanen sind keine Seltenheit. Der größte awarische Herrscher, ihr Khagan Bajan, war eine Persönlichkeit ähnlichen Formats wie Attila - ein hervorragender Feldherr an der Spitze eines furchteinflößenden Heeres. Den Awaren ist es als Verdienst anzurechnen, daß sie das Karpatenbecken erstmals in einem Reich vereinten. Nach ihnen konnten das erst die Ungarn wiederholen. Doch zu den verbündeten Völkern der Awaren gehörten auch schon die Mitglieder eines neuen Ethnikums, die Slawen. Die Germanen der Völkerwanderungszeit verschwinden mit den Gepiden.

Im weiteren bestimmten die Eroberungen der Franken die germanischen Beziehungen des Karpatenbeckens. Dieser vom "Drang nach Osten" gekennzeichneten Politik fielen auch die langobardischen Herzogtümer in Italien zum Opfer. 776 suchten die gegen die Eroberer aufbegehrenden Herzöge bei den Awaren Zuflucht. 787 griff das fränkische Reich auch den einzigen noch bestehenden germanischen Staat, das Herzogtum Bayern, an. Herzog Tassilo III. unterwarf sich, während seine Gemahlin, die Tochter des letzten, von Karl dem Großen entthronten Langobardenkönigs, ein Bündnis zu schmieden begann. Mit diesem bayerisch-awarisch-langobardischen Bündnis konnten sie zwar den Verlust ihrer selbständigen nationalen Existenz nicht verhindern, lieferten dafür aber Karl dem Großen (Abb. 15.) einen ausgezeichneten Vorwand zu dessen 791 beginndenden Awarenkriegen.

Allerdings verlief der in den fränkischen Chroniken selbstverständlich als siegreich verbuchte Feldzug durchaus nicht problemlos. Der Angriff wurde am 23. August eröffnet, und anfangs konnten die fränkisch-alemannisch-sächsisch-thüringisch-bayerischen Truppen noch ohne Widerstand (und natürlich ohne Kriegserklärung) in die Gebiete der unvorbereiteten Awaren eindringen. Sie gelangten bis an den Wiener Wald, wo es bei Cumeoberg (zwischen dem heutigen Tulln und Zeiselmauer) zum ersten offen Schlagabtausch kam. Die Angreifer trugen, unter großen Verlusten, den Sieg davon. Das genaue "Ergebnis" ist nicht bekannt. Bestimmt weiß man nur, daß Karl seinen Sohn, Ludwig den Frommen, nach der Schlacht nach Hause schickte. Doch jetzt begannen erst die echten Schwierigkeiten. Die zweifellos fliehenden Awaren griffen nämlich zur Taktik der "verbannten Erde", die auch die Erfolge aller späteren germanischen Eroberungen verleiden sollte. Ohne Verpflegung und Futter für die Tiere kommt ein angreifendes Heer eben nur schwer zurecht.

Als nächstes und vorerst unlösbares Problem erwies sich die Donau. Das Heer drang an beiden Ufern des Flusses vor und fand sich nach einer Weile einem wesentlich breiteren als dem heimischen Gewässer gegenüber - damit waren auch die Truppenteile voneinander abgeschnitten. Anfang November wurde es offensichtlich, daß man umkehren mußte. Alle Anzeichen deuten darauf hin, daß der letzte von Karl persönlich geführte Feldzug trotz einzelner Siege ein Mißerfolg war. Denn in den folgenden vier Jahren setzte man den Kampf nicht fort.

Doch was den Franken nicht gelang, "erreichten" die Awaren aus eigener Kraft. 795 bricht im

Awarenreich aus unbekannten Gründen ein Bürgerkrieg aus, in dessen Verlauf sich die beiden höchsten Würdenträger, Khagan und Jugurrus, gegenseitig umbringen, während der überlebende dritte Machtrepräsentant, der Tudun, sich Karl dem Großen unterwirft. Diese Gelegenheit nutzt Dux Erik von Friaul, um die awarische Schatzkammer leerzuräumen. Einen Teil der Kostbarkeiten, zu deren Abtransport man 16 Wagen benötigt, wird Karl später großzügig an seine Vasallen verteilen. Die Unterwerfung der Awaren überläßt er schon seinem Sohn Pippin. Aber auch das läuft nicht reibungslos ab: Im Jahr 799 kommt es zu einem allgemeinen Aufstand gegen die Eroberer. Erst die fränkische Retorsion und ein gleichzeitiger, obwohl nicht abgestimmter, energischer Angriff des bulgarischen Khans Krum brechen 804 den Widerstand der Awaren.

Danach bleibt Karl dem Großen nichts anderes zu tun, als die entstandene Situation auch juristisch abzusichern. Die neueroberten Ostgebiete werden aufgeteilt. Transdanubien erhält den Namen Pannonia Superior, zu dem das ehemalige awarische Territorium gehört (Avaria=Niederösterreich). Das Gebiet zwischen den Flüssen Drau und Save wird fortan Pannonia Inferior genannt und verwaltungsmäßig der bayerischen Präfektur unterstellt. Zusammen bilden die beiden Gebietseinheiten die Provinz Oriens. 814 stirbt Karl der Große. Ab 828 wird sein Sohn, Ludwig der (Fromme) Deutsche, Herrscher über das nun schon geeinte Pannonien, das man in vier Grafschaften aufteilt. Eine der Grafschaften bekommt der aus Neutra fliehende Pribina, in dessen Person man also nicht etwa einen mährischen Eroberer, sondern einen karolingischen Untertanen ehren darf. Die letzten Stürme um das Gebiet löst Ludwigs Sohn Karlmann aus, der sich 862 gegen seinen Vater auflehnt und zum Herrscher von Karantanien ernennt, was praktisch soviel wie Pannonien bedeutet. Mit dem Tod Ludwigs des Deutschen im Jahr 876 gehen die westlichen Völkerbewegungen und Eroberungen unwiderruflich zu Ende. Die beiden Hauptgebiete der germanischen Franken trennen sich in der Form Fankreich und Deutschland endgültig, und an der östlichen Grenze letzteren erscheinen bereits die ersten Reitertrupps der nach einer neuen Heimat suchenden Ungarn.

Die letzten germanischen Beziehungen des ersten Jahrtausends dieses Gebiets fallen in den Zeitraum der Festigung des ungarischen Staates. Als abschließende Welle der europäischen Völkerwanderung beginnen Ende des 8. Jahrhunderts die Winkinger-Normannen-Streifzüge, die sich im 9.-10. Jahrhundert ausweiten und im 11. Jahrhundert zu Ende gehen. Eines der drei skandinavischen Völker (Schweden, Dänen, Norweger), die nach Osten expandierenden Schweden, lernt das Ungartum schon in der Nachbarschaft des Fürstentums Kiew kennen, und im Karpatenbecken werden die frühen Handelsbeziehungen enger geknüpft. Allem Anschein nach bildeten in der zweiten Hälfte des 10. und in der ersten Hälfte des 11. Jahrhunderts warägisch-russische Krieger die Leibgarde der ungarischen Könige, die man aus den am Hofe der Kiewer Rus dienenden Söldnern schwedischer Abstammung ausgewählt haben mag. Darauf oder auf den Export der ausgezeichneten normannischen Waffen deuten archäologische Funde hin: z.B. die Budapester Lanze (Abb. 16.), einige zweischneidige Schwerter bzw. deren Zubehör sowie der beinerne Griff des Prager St. Stephansschwertes (Abb. 17.). In den Verzierungen der Waffen sind dänische bzw. norddeutsche Einflüsse erkennbar. Dem steht jedoch die Tatsache gegenüber, daß wir vom Gebiet Ungarns nicht eine einzige Wikingerbestattung kennen. Ihr Einfluß darf also ausschließlich als marginal betrachtet werden.

Mit dem Ausklang des ersten Jahrtausends ging das Zeitalter der Staatsgründungsversuche der europäischen Völker, unter anderem auch der Germanen, zu Ende. Ab diesem Zeitpunkt kann von einer politischen Geschichte der nun schon gefestigten mittelalterlichen Länder gesprochen werden. Allerdings sollte man dabei auch nicht vergessen, daß zwischen dem Untergang des Imperium Romanum und dem Aufstieg des römisch-deutschen Reiches ein halbes Jahrtausend lag, dessen stürmische Ereignisse die heutige Karte unseres Erdteils gezeichnet haben.

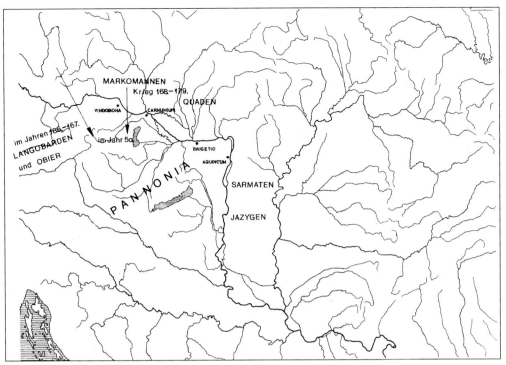
Abb. 1 Das Karpatenbecken um 170 (entworfen v. G. Fancsalszky, gezeichnet v. Gábor Szathmáry)

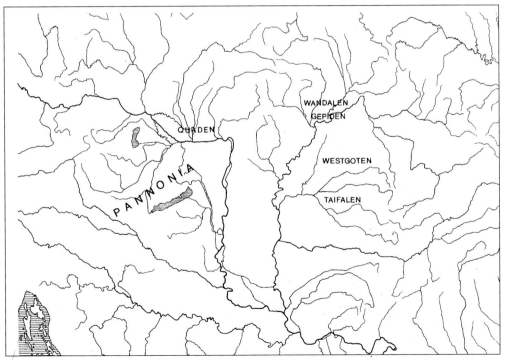
Abb. 2 Das Karpatenbecken um 270 (entworfen v. G. Fancsalszky, gezeichnet v. Gábor Szathmáry)

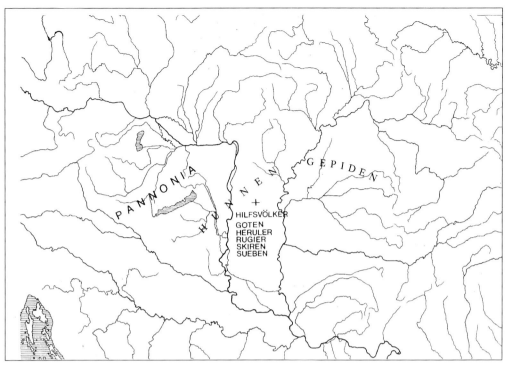

Abb 3 Das Karpatenbecken zwischen 406-454 (entworfen v. G. Fancsalszky, gezeichnet v. Gábor Szathmáry)

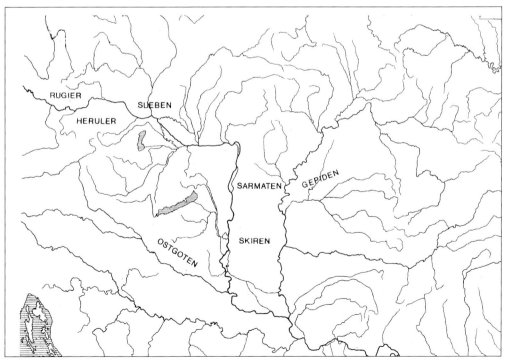

Abb. 4 Das Karpatenbecken zwischen 454-526 (nach A. Kiss 1981)

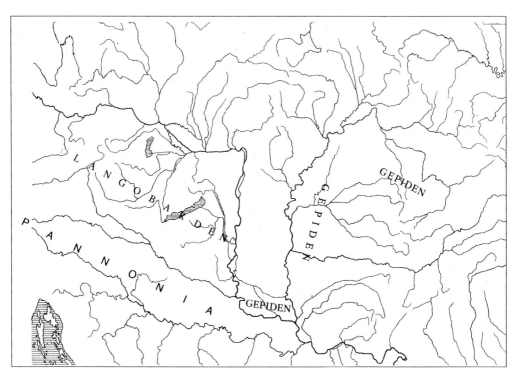

Abb. 5 Das Karpatenbecken zwischen 526-568 (nach I. Bóna 1976)

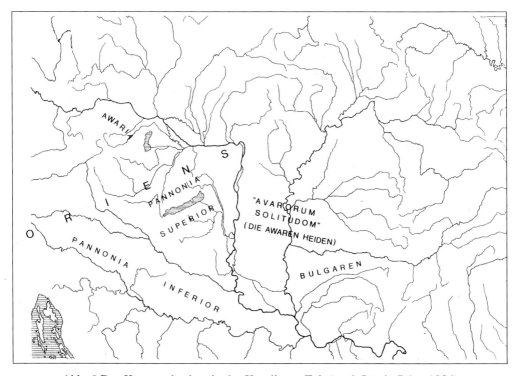

Abb. 6 Das Karpatenbecken in der Karolinger Zeit (nach István Bóna 1984)

Abb. 7 Das „Regenwunder" des Jahres 173 (Nach der Darstellung der Marcus Aurelius Säule)

Abb. 8 Der Befund Nr. I. aus Szilágysomlyó. Das Goldmedalions von Gratianus I. (nach A. Kiss-Bernhard-Walcher, Foto: Atelier Kräftner)

Abb. 9 Die Goldfiebel mit Onyxstein des Befundes Nr. II. aus Szilágysomlyó. (nach A. Kiss-Bernhard-Walcher, Foto: Cs. Gedai)

Abb. 10 Das Goldfiebelpaar mit Löwendarstellung des Befundes Nr. II. aus Szilágysomlyó. (nach A. Kiss-Bernhard-Walcher, Foto: Cs. Gedai)

Abb. 11 Das Anhängsel mit Eberschweinkopf des Befundes Nr. I. aus Apahida (nach Bóna 1986)

Abb. 12 Die Fiebel mit Adlerdarstellung des Befundes Nr. II. aus Apahida (nach K. Horedt-D. Protase 1972)

Abb. 13 Goldene Armbänder mit Edelsteinanlage aus Bakodpuszta
(nach É. Garam-A. Kiss 1992, Foto: E. Gottl)

Abb. 14 Das Goldmedalion von Theodorich dem Grossen
(nach Th. Capelle)

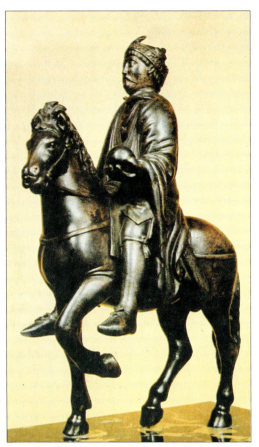

Abb. 15 Das Reiterstandbild von Karl dem Grossen (nach E. Kubach-V. Elbern)

Abb. 16 Normannische Lanze aus der Donau bei Budapest (nach L. Révész)

Abb. 17 Beinerner Griff des Schwertes von Stephan dem Heiligen aus Prag (nach Gy. László 1988)

Literatur

István Bóna, A középkor hajnala. Gepidák és langobardok a Kárpát-medencében. Hereditas, Budapest 1974.
István Bóna, Der Anbruch des Mittelalters. Gepiden und Langobarden im Karpatenbecken. Hereditas, Budapest 1976.
István Bóna, A népvándorlás kor és a korai középkor története Magyarországon [Geschichte der Völkerwanderungszeit und des Frühmittelalters in Ungarn]. In: Székely György (Chefred.), Magyarország története I/1-2. Előzmények és magyar történet 1242-ig. Budapest 1984, 265-373, 1586-1606.
István Bóna, Daciától Erdőelvéig. A népvándorlás kora Erdélyben (271–896). [Die Zeit der Völkerwanderung in Siebenbürgen (271–896).] In: Köpeczi Béla (Chefred.), Erdély története I. A kezdetektől 1606-ig. Budapest 1986, 107–234, 565–582.
István Bóna, Daciától Erdőelvéig. Erdély és a Kelet-Alföld a népvándorlás korában (271–895). [Siebenbürgen und die Osttiefebene in der Völkerwanderungszeit (271–895).] In: Köpeczi Béla (Chefred.), Erdély rövid története. Budapest 1989, 61–98, 611–614.
István Bóna, Völkerwanderung und Frühmittelalter (271–895). In: Köpéczi, Béla (ed.), Kurze Geschichte Siebenbürgens. Budapest 1990, 62–106, 694–697.
István Bóna, Das Hunnenreich. Budapest-Stuttgart 1991.
István Bóna, A hunok és nagykirályaik [Die Hunnen und ihre Großkönige]. Budapest 1993.
István Bóna-János Cseh-Margit Nagy-Péter Tomka-Ágnes Tóth, Hunok-Gepidák-Langobardok [Hunnen-Gepiden-Langobarden]. Magyar Őstörténeti Könyvtár 6. Szeged 1993.
Johannes Brondsted, The Vikings. Penguin Books, Harmondsworth 1960.
Johannes Brondsted, A vikingek. Budapest 1983.
Hermann Dannheimer-Heinz Dopsch (Hrsg.), Die Bajuwaren. Von Severin bis Tassilo 488-788. Gemeinsame Landesausstellung des Freistaates Bayern und des Landes Salzburg. Rosenheim-Mattsee 1988.
Philip Dixon, Barbarien Europe. The Making of the Past. Lausanne 1976.
Philip Dixon, Britek, frankok, vikingek. A múlt születése. [Briten, Franken, Wikinger. Die Geburt der Vergangenheit.] Budapest 1985.
Nándor Fettich, A szilágysomlyói második kincs — Der zweite Schatz von Szilágysomlyó. Archaeologia Hungarica VIII. Budapest 1932.
Éva Garam-Attila Kiss, Népvándorlás kori aranykincsek a Magyar Nemzeti Múzeumban. Milano-Budapest 1992.
Éva Garam-Attila Kiss, Goldfunde aus der Völkerwanderungszeit im Ungarischen Nationalmuseum. Milano-Budapest 1992.
Kurt Horedt - Durnitru Protase: Das zweite Fürstengrab von Apahida (Siebenbürgen). Germania 50. 1972.
Attila Kiss, Germanischer Grabfund der Völkerwanderungszeit in Jobbágyi. Zur Siedlungsgeschichte des Karpatenbeckens in den Jahren 454–568. Alba Regia 19 (Székesfehérvár 1981) 167–185.
Attila Kiss - Alfred Bernhard-Walcher, Szilágysomlyó. A gepida királyok aranykincsei. [Szilágysomlyó. Die Goldschätze der Gepidenkönige.] Budapest 1999.
László Kovács, Viselet, fegyverek [Tracht, Waffen]. In: Az Árpád-kor háborúi. Budapest 1986, 216–281.

Ilona Kovrig, A népvándorláskor népei. Budapest O. J.
Gyula László, A népvándorláskor művészete Magyarországon. Budapest 1970.
Gyula László, Steppenvölker und Germanen. Kunst der Völkerwanderungszeit. Wien 1970.
András Mócsy, Pannonia and Upper Moesia. London-Boston 1974.
András Mócsy, Pannonia a korai császárság idején [Pannonien in der Frühkaiserzeit]. Apollo könyvtár 3. Budapest 1975.
András Mócsy, Pannonia a késői császárkorban [Pannonien in der Spätkaiserzeit]. Apollo könyvtár 4. Budapest 1975.
Tibor Nagy, Budapest története az őskortól a honfoglalásig. III. Népvándorlás kora. In: László Gerevich főszerk., Budapest története I. Budapest története az őskortól az Árpád-kor végéig. Budapest 1973. 185–216
Rudolf Noll, Vom Altertum zum Mittelalter. Führer durch das Kunsthistorische Museum, Nr. 8. Wien 1974.
Peter Paulsen, Magyarország viking leletek - Wikingerunde aus Ungarn im Lichte der nord- und westeuropäischen Frühgeschichte. Archaeologia Hungarica XII. Budapest 1933.
Helmut Roth, Kunst der Völkerwanderungszeit.Propyläen Kunstgeschochte, Supplementband IV. Frankfurt am Main-Berlin-Wien 1979.
Wilfried Seipel (ed.), Barbarenschmuck und Römergold. Der Schatz von Szilágysomlyó. Wien 1999.
Péter Váczy, Der fränkische Krieg und das Volk der Awaren. Acta Antiqua Academiae Scientiarum Hungaricae 20 (Budapest 1972) 395–420.
Péter Váczy, A frank háború és az avar nép. Századok 108 (Budapest 1974) 1041–1061.
Elmer Vonbank (Hrsg.), Niebelungenlied. Ausstellungskatalog des Vorarlberger Landesmuseums, Nr. 86. Bregenz 1979.

Deutsche im mittelalterlichen und neuzeitlichen Ungarn

Ob das landnehmende Ungartum, als es im Karpatenbecken eintraf, Restgruppen der früher hier lebenden germanischen Stämme vorfand, darüber liegen uns keine Angaben vor. Der Anteil der deutschen Bevölkerung im damaligen Karpatenbecken dürfte kaum bedeutend gewesen sein. Im Laufe der Ostexpansion des Frankenreiches hatte der fränkische Kaiser Karl der Große seinerzeit, um 800, im Gebiet Pannoniens zwei Markgrafschaften (Ostmark und Friaul) gegründet. In dieser Zeit ließen sich in der Umgebung des Balatons (Plattensee) und der Stadt Pécs (Fünfkirchen) Bayern und Franken nieder.

Die erste Gelegenheit, das ostfränkische Reich anzugreifen, bot sich den herumstreifenden Ungarn 862, als der die Ostmark regierende Karlmann gegen seinen Vater, den ostfränkischen König Ludwig den Deutschen, aufbegehrte.

Einige Jahre später, 881, fochten ungarisch-kawarische Truppen als Verbündete des mährischen Fürsten Svatopluk bei Wien gegen die Franken, doch schon 892 nahmen sie im Bündnis mit dem ostfränkischen König Arnulf am Kampf gegen Svatopluk teil. Zwei Jahre darauf besiegten sie am Unterlauf der Donau das Heer des bulgarischen Zaren Simeon und drangen in Transdanubien ein.

Nach der ungarischen Landnahme, im Jahr 898, trafen die Bayern, dem heidnischen Brauch der Nomaden folgend, eine Übereinkunft mit den Ungarn, gaben ihnen Geld und Kleidung und ermunterten sie zum Kampf gegen Italien, was diese 899 auch wahrmachten.

Die folgenden Jahre standen im Zeichen blutiger Raubzüge und kriegerischer Auseinandersetzungen, bis sich unter Großfürst Géza (um 972) die Lage des Ungartums in der neuen Heimat festigte. Schon 972 nahmen der in Ingelheim zum Bischof der Ungarn geweihte Sankt Gallener Mönch Bruno und die Geistlichen des Passauer Bischofs Pilgrim ihre Missionstätigkeit in Ungarn auf. Zur gleichen Zeit machte sich der Einsiedler Mönch Wolfgang als Missionar auf den Weg nach Ungarn. 972 begann zwischen der Diözese Passau und dem Salzburger Erzbischof ein gewaltiger Kampf um die Oberhoheit über die ungarländische Kirche.

Vor 974 ließen sich Fürst Géza und fünfhundert vornehme Ungarn von Bruno taufen. 995 nahm Vajk, der spätere König Stephan der Heilige, Gisela, die Tochter des Bayernherzoges Heinrich II. (der Zänkische), zur Frau. Im Gefolge Giselas trafen deutsche Hospites: Ritter, Priester, Mönche, Ackerbauern, in Ungarn ein, was die Bekehrung der Ungarn zum Christentum beschleunigte.

Mit Hilfe der von *Vecellin* geführten deutschen Soldaten gelang es Stephan, das Heer des aufständischen Koppány bei Veszprém (Wesprim) zu schlagen und seine Macht zu festigen (Abb. 18.). Von dem Bayern Vecellin stammte das namhafte ungarländische *Geschlecht Raad* ab. Im Heer Stephans kämpften damals auch die Vorfahren des *Geschlechtes Hunth-Paznan* (später: Burgkomitat Hont). Zusammen mit Gisela waren die aus Nürnberg gebürtigen Vorfahren des *Geschlechtes Hermann* nach Ungarn gekommen (Abb. 19–20.).

Der *Meseritzer Abt Ascherich (Anastas)* erlangte vor dem 25. Dezember 1000 von Papst Silvester II. und dem römisch-deutschen Kaiser Otto III. die Zustimmung zur Gründung des ungarischen Staates und brachte Stephan auch eine Krone. Quellen von 1007 erwähnen Ascherich bereits als Erzbischof der Ungarn. Peter, der Nachfolger Stephans des Heiligen, umgab sich ebenfalls mit Deutschen und Italienern. Seine zweite Frau war die bayerische Herzogin Judit von Schweinfurt.

Die nach Ungarn übersiedelnden Deutschen setzten zur Verteidigung ihrer neuen Heimat oftmals ihr Leben aufs Spiel. Als der römisch-deutsche Kaiser Heinrich III. im Jahr 1052 mit einem gewaltigen Heer und einer Flotte Ungarn angriff, wagte es ein deutscher Burgsasse namens *Zothmund* (den die Ungarn Búvár Kund [Kund den Taucher] nennen) im Alleingang, die Pozsony (Preßburg, heute: Bratislava) belagernden Schiffe zu versenken (Abb. 21.).

Preßburg hatte schon im 11. Jahrhundert viele deutsche Einwohner und erhielt bereits im 13. Jahrhundert das Stadtrecht.

König Salamon (1063–1074) nahm Judit, die Tochter Kaiser Heinrichs III., zur Gemahlin, und auch König Ladislaus der Heilige (1077–1095) vermählte sich mit einer deutschen Prinzessin.

König Géza II. regierte das Land zwischen 1141 und 1162. Am Ende seiner Herrschaftszeit trafen aus *Flandern* und dem *Rheinland Wallonen* und hauptsächlich *Sachsen* bzw. *Moselfranken* in Ungarn ein. Der König siedelte die Neuankömmlinge im Zipserland (heute Slowakei) bzw. in Hermannstadt (heute Sibiu, Rumänien) an. Damit legte er die Keime für die vielleicht bedeutendsten deutschen Sprachinseln und sächsischen Städte des späteren Ungarn (Zipserland bzw. Siebenbürger Sachsenland/Königsboden). Die neuen deutschen Siedler versahen Verteidigungsaufgaben und bestellten die Äcker der früher siedlungsleeren Gebiete. 1148 siedelte Géza auch in der Stadt Óbuda (Altofen) deutsche Einwohner an.

Einer seiner späteren Nachfahren, König Andreas II., nahm Gertrud von Meranien zur Frau, die Tochter des Herzogs von Dalmatien und Kroatien bzw. Markgrafen von Istrien und der Krain. Beider Tochter Elisabet, die Verlobte und spätere Gemahlin des Landgrafen Ludwig von Thüringen, wurde 1235 kanonisiert (Abb. 22.). Im Jahr 1211 holte Andreas II. — zum Schutze Siebenbürgens bzw. zwecks Bekehrung der Kumanen — den *Deutschen Ritterorden* nach Ungarn und siedelte die Ritter, die er zum Burgenbau verpflichtete, im größtenteils unbewohnten Burzenland an. Später kam es mehrfach zu Meinungsverschiedenheiten mit den Rittern, da diese infolge ihrer Selbständigkeitsbestrebungen die von ihm erhaltenen Besitzungen dem Heiligen Stuhl als Lehen anboten. 1222 erließ der König die Goldene Bulle, in der er die Übertragung von Ämtern und die Schenkung von Gütern an Ausländer regelte. Nach Erlaß der Bulle gab Andreas dem Ritterorden das zuvor abgesprochene Burzenland zurück und schenkte ihm obendrein das südlich davon gelegene, bis zur unteren Donau reichende Kumanien. Die Ritter riefen weitere deutsche Siedler ins Burzenland und bauten dort ein Grenzfestungssystem aus.

1224 unterzeichnete der König das *Andreanum,* den Freibrief der südsiebenbürgisch-sächsischen Siedler, in dem er ihre Privilegien bekräftigte. Dazu gehörte, daß der König ihren Grundbesitz nicht verschenken, daß nur der König und der Hermannstädter Gespan über sie richten bzw. daß sie ihre Richter und Priester frei wählen durften, wofür sie dem König Geld, freie Unterkunft und Militärdienste schuldeten. Ihre Kaufleute genossen Zollfreiheit. Mit dem Freibrief wollte Andreas für die im Gebiet zwischen Szászváros (Broos) und Barót (Barolt) lebende Bevölkerung ein einheitliches Rechtssystem schaffen. Ein Jahr später vertrieb der unberechenbare König den Deutschen Ritterorden erneut, und in seiner zweiten, 1231 erlassenen, Goldenen Bulle machte er die Amtsübertragung an "Ausländer" bereits von deren Seßhaftwerdung abhängig, während er Güterschenkungen an sie noch immer nicht gestattete.

Mit Hilfe der Meraner Verwandten seiner Gemahlin führte Andreas eine Wirtschaftsreform durch, um seine Einnahmen aus Steuern und Gebühren zu sichern.

Ein Großteil der Einwohnerschaft der sich Anfang des 13. Jahrhunderts herausbildenden Städte, z.B. Óbuda (Altofen) und Pest, war deutschsprachig. Im Laufe der dem Mongolensturm folgenden fieberhaften Städtebautätigkeit trafen wiederum deutsche Siedler bzw. Stadtbewohner in Ungarn ein, so auch in der neugegründeten Haupstadt Buda (Ofen). In Ofen bewohnten die Deutschen den mittleren, größeren Teil der mittelalterlichen Stadt. Die heutige Matthiaskirche (Liebfrauenkirche) war ihre Kirche. Eine deutsche Stadt gab es in Vác (Waitzen) und Visegrád (Plintenburg), deutsche Straßen oder Stadtviertel entstanden in den mittelalterlichen Städten Székesfehérvár (Stuhlweißenburg) und Esztergom (Gran).

Am 24. November 1271 regelte König Stephan V. (1270–1272) die Rechte der Siedler, indem er den Deutschen des Zipserlandes einen Freibrief ausstellte. Darin garantierte er ihnen Unabhängigkeit von der Komitatsverwaltung, unmittelbare Bindung an die königliche Macht sowie freie Richter- und Priesterwahl. Im Gegenzug dafür hatten sie dem Königshaus Unterkunft zu gewähren, Soldaten zu stellen und regelmäßig Steuern zu zahlen. Ungefähr zu dieser Zeit stellten Graf Hans von Rodena und die zwölf Geschworenen der siebenbürgischen Stadt Radna (Roden, heute: Rodna) — wo eines der größten Silberbergwerke des Landes betrieben wurde — ein aus 23 Punkten bestehendes deutschsprachiges Berg- und Stadtrecht zusammen.

Im Kreis der hier lebenden Deutschen bildete sich keine eigene Adelsschicht heraus. Die früher eingewanderten adligen Ritter gingen in den ungarischen Geschlechtern auf. Ihre gewählten Würdenträger erlangten ihren Rang meistens mit königlicher Zustimmung, wie beispielsweise die siebenbürgisch-sächsischen Grafen. Die sächsischen Schultheiße des Oberlandes, deren Aufgabe darin bestanden hatte, die Besiedlung der nicht bevölkerten Landstriche zu leiten, wurden später Dorfrichter.

Nach und nach erhielten immer mehr deutsche Siedlungen das deutsche oder sächsische *Stadtrecht*. Diese Handels- bzw. später Bergstädte waren ausschließlich oder zumindest überwiegend von Deutschen bewohnte Siedlungen.

Die deutschen Bürger Ofens wandten sich in den 1301 ausbrechenden Thronfolgekämpfen zunächst gegen den neapolitanischen Anwärter Caroberto, 1307 aber besetzten sie Ofen unter Führung von Werners Sohn Ladislaus schließlich doch an der Seite der Angeviner.

Daß König Karl I. 1312 in der Schlacht bei Rozgony den Sieg über das vom Geschlecht Aba und Máté Csák aufgestellte Heer davontrug, hatte er zu einem Gutteil den hilfreichen Bürgern der Stadt Kaschau (heute: Košice) und Zipser Sachsen zu verdanken. Diese gründeten noch im gleichen Jahr den Zipser Bund, was darauf hindeutet, daß sie nach einer gewissen Art von Autonomie strebten. 1317 bekräftigte Karl I. ihren Freibrief und erweiterte den Kreis ihrer Privilegien. Um ihre Rechte ging es auch den Siebenbürger Sachsen, als sie sich 1324 bei Szászsebes (Mühlbach, heute: Sebeș) unter Henning von Petersdorf gegen die Königsmacht erhoben. Der Kampf endete jedoch mit ihrer Niederlage, so daß sie ihre juristische und politische Einheit erst zur Zeit von König Matthias verwirklichen konnten.

In der Stadt Pécs (Fünfkirchen) gründete 1367 der aus dem pfälzischen Bergzabern stammende Bischof *Wilhelm Heinrich von Coppenbach* die erste Universität Ungarns.

1368 erblickte in Nürnberg der ungarische König *Sigismund von Luxemburg* (1387–1437), ab 1411 deutscher König und ab 1433 römisch-deutscher Kaiser, das Licht der Welt (Abb. 23.). Während seiner Herrschaftszeit erstarkten die ungarländischen Städte. Schon 1376 gab es in vier siebenbürgisch-sächsischen Städten — in Nagyszeben (Hermannstadt, heute: Sibiu), Segesvár (Schäßburg, heute: Sighișoara), Szászsebes (Mühlbach) und Szászváros (Broos, heute: Orăștie) — insgesamt 19 Zünfte. 1402 gewährte Sigismund den Städten Bártfa (Bartfeld, heute: Bardejov), Lőcse (Leutschau, heute: Levoča), Nagyszombat (Tyrnau, heute: Trnava), Pozsony (Preßburg, heute: Bratislava) und Sopron (Ödenburg) das Stapelrecht.

Der Stadt Ofen stellte Sigismund im Jahr 1403 einen neuen Freibrief aus. Annähernd um diese Zeit (nach 1405) entstand das deutschsprachige Ofner Stadtrecht, das neben dem hiesigen

Abb. 18 Fürst Koppány wird vom Ritter Vecellin enthauptet (Bilderchronik)

Abb. 19 Wappen des Geschlechts Hunth-Paznan   **Abb. 20** Wappen des Geschlechts Hermann

Abb. 21 Heinrich III. und seine Soldaten in den von Zothmund angebohrten, sinkenden Schiffen (Bilderchronik)

Abb. 22 Die hl. Elisabeth

Abb. 23 König Sigismund

Gewohnheitsrecht die Grundelemente des Magdeburger Stadtrechtes enthielt. Sein Verfasser war vermutlich *Johannes Siebenlinder,* ein namhafter Experte für Rechts- und Finanzfragen im damaligen Ungarn. Laut Stadtrecht konnte in Ofen nur derjenige Stadtrichter werden, der mindestens vier deutsche Ahnen nachwies. 1405 erließ Sigismund wiederum Gesetze, um die Entwicklung der Städte zu fördern.

Die Verwaltung im Gebiet der Sachsen von Königsboden wurde neu organisiert. Neben dem Hauptstuhl Nagyszeben (Hermannstadt) bildete man sieben weitere sächsische Stühle, deren Zentren Segesvár (Schäßburg), Szászsebes (Mühlbach), Nagysink (Großschenk, heute: Cincu), Szerdahely (Reußmarkt, heute: Miercurea Sibiului), Kőhalom (Reps, heute: Rupea), Újegyház (Leschkirch, heute: Nocrich) und Százsváros (Broos) waren. Zu diesen kamen Ende des 15. Jahrhunderts die Stühle Medgyes (Mediasch, heute: Mediaș) und Nagyselyk (Marktschelken, heute: Șeica Mare) am Flusse Küküllő sowie die Bezirke Beszterce (Bistritz, heute: Bistrița) und Brassó (Kronstadt, heute: Brașov) hinzu (Abb. 24.).

Der Hermannstädter Stuhl durfte seine oberste Amtsperson, den Königsrichter, ab 1464 selber wählen. Die übrigen sächsischen Stühle erhielten dieses Recht erst 1469. An der Spitze der Siebenbürger Sachsen stand der Sachsengraf (Comes Universitas Saxonum — Gespan von Hermannstadt). Er war zugleich die königliche Amtsperson der dank eines 1486 von König Matthias gewährten Privilegs gegründeten Sächsischen Nationaluniversität (Universitas Saxonum Transsylvaniae).

Ende des 15. Jahrhunderts wurden die Siedlungen Siebenbürgens von 200–300 Kirchenburgen geschützt.

Im Spätmittelalter, im 15.–16. Jahrhundert, setzte in den Städten eine langsame Ungarisierung der deutschen Patrizierschaft ein. Zwar blieb das süddeutsche Kapital in Ungarn weiterhin dominierend. Doch gerade der Umstand, daß die Schicht der städtischen Handwerker und Kaufleute immer wohlhabender wurde, war eine der Ursachen für die Assimilation. Dieser Reichtum wirkte sich auch auf die Künste anregend aus. 1437 entstand die Georgenberger (Szepesszombat) Chronik. 1472 gründete der aus Nürnberg gebürtige Andreas Hess in Ofen die erste Druckerei Ungarns, wo er die älteste ungarische Inkunabel, die sog. Ofner Chronik (Chronica Hungarorum), druckte. In dieser Zeit schuf Paul von Leutschau seine meisterhaften Altarbilder, und Erasmus von Rotterdam war voll des Lobes für das Schaffen der deutschsprachigen Dichter des Ungarlandes. Zwischen 1515 und 1574 lebte im siebenbürgischen Sachsenland Caspar Helth (Gáspár Heltai), Gründer der Klausenburger (Kolozsvár) Druckerei, der die Chronik der Ungarn und wundervolle Tierfabeln verfaßte.

Im Jahr 1541 eroberten die Türken die Hauptstadt Ofen, das Land zerfiel in drei Teile. Den westlichen und nördlichen Teil bildete das von den Habsburgern regierte königliche Ungarn, in dessen nördlichem Teil, dem damaligen Oberland, bzw. in Westtransdanubien die sächsischen Städte und deutschen Siedlungen weiterlebten. Im mittleren Teil, dem Eroberungsgebiet, expandierte mehr und mehr das Osmanische Reich, während in Siebenbürgen - unter türkischer Lehnsherrschaft - ein selbständiges ungarisches Fürstentum entstand. Hier war, wie man sehen konnte, der Anteil der sächsischen Einwohnerschaft beträchtlich, die sich unter Führung des *Sachsengrafen Markus Pemfflinger* anfangs für die Einheit des Landes einsetzte. Doch angesichts der türkischen Eroberungen gehörte sie ab Mitte des 16. Jahrhunderts - auch im Interesse ihrer eigenen nationalen Privilegien - zu den Befürwortern eines selbständigen Siebenbürgen. Die deutschen Einwohner Ofens wurden 1529 von János Szapolyai wegen ihrer "Treuelosigkeit" aus der Stadt vertrieben, so daß in Ofen bis zum Ende der Türkenherrschaft keine Deutschen lebten.

In Ungarn bezeichnete man die sich im 16.–17. Jahrhundert verbreitende evangelische Religion damals als "deutschen Glauben". Auf Einfluß der Reformation hatte *Johannes Honterus* 1547 seine "Kirchenordnung aller Deutschen im Sybembürgen" ausgearbeitet, die die

Grundlage für die Schaffung einer eigenen nationalen Kirche der Sachsen bildete. Ausgelöst von der seitens der Habsburgherrscher gewaltsam betriebenen Gegenreformation, mit anderem Namen Rekatholisierung, kam es immer häufiger zu ungarischen Freiheitsbewegungen (unter Bocskai, Bethlen, György Rákóczi I. und II., Thököly, Ferenc Rákóczi II.), auf deren Seite man auch die Zipser Sachsen fand. Die Sachsen Siebenbürgens dagegen blieben begeisterte Anhänger des Hauses Habsburg.

Während der Herrschaftszeit von König Matthias hatte Ungarn annähernd sechs Millionen Einwohner. Als man die Türken endgültig vertrieb (1699), war die Einwohnerzahl des Landes auf die Hälfte, nach einzelnen Meinungen sogar auf ein Drittel der obigen Zahl geschrumpft. Der große ungarische Dichter Sándor Petőfi (1823–1849) schrieb in seiner Biographie, daß man einen Tag lang durch die Tiefebene wandern konnte, ohne auch nur einer Menschenseele zu begegnen. Es wurde also dringend notwendig, die rückeroberten, zerstörten Gebiete erneut zu nutzen und in den Wirtschaftskreislauf des Landes einzubeziehen.

Erzbischof Graf Leopold Kollonich entwarf 1689 für Kaiser Leopold I. unter dem Titel "Einrichtungswerk des Königreichs Ungarn" einen Plan, der eine Neuorganisierung der Verwaltung Ungarns und die Wiederbesiedlung des Landes mit Deutschen vorsah. Der Plan wurde - was die Wiederbesiedlung betraf - angenommen, und am 11. August 1689 erschien das erste Siedlungspatent.

Zunächst beschränkte sich die Neubesiedlung auf *Privatinitiativen*, wie beispielsweise 1689 auf Initiativen von Ferenc Jány, des Abts von Pécsvárad, bzw. der Familie Zichy (Óbuda [Altofen] bzw. Budakeszi [Wudigess]). Ab 1712 nahm Graf Sándor Károlyi die bis dahin spontan und in Eigeninitiative durchgeführte Wiederbesiedlung in die Hand, die man dann bis zu den 1790er Jahren systematisch fortsetzte. 1722–23 regelte der Preßburger Landtag die Art und Weise der Neubesiedlung.

Im Zuge der ersten planmäßigen Ansiedlungen unter Graf Károlyi konnten sich rund zehn- bis elftausend Menschen überwiegend aus Oberschwaben, in geringerer Zahl aus der Schweiz, dem Fränkischen und Badischen, in 31 Dörfern des Komitats Szatmár ein neues Zuhause schaffen. Die ersten Einwohner der Dörfer in der Umgebung Ofens bildeten Invaliden oder ausgediente schwäbische Soldaten. Deshalb nannte man die deutschen Siedler im 18. Jahrhundert rundweg Schwaben, wogegen die seit dem Mittelalter hier lebenden "Sachsen", deren Vorfahren aus dem nördlichen und mittleren Teil des römisch-deutschen Reiches stammten, lebhaft protestierten.

Zwischen 1720 und 1730 erreichte die Wiederbesiedlung der Komitate Baranya (Branau), Tolna (Tolnau) und Somogy (Schomodei) auf den Gütern der Familien Esterházy, Dőry, Wallis und Mercy ihren Höhepunkt. Allein im Komitat Tolna wurden im 18. Jahrhundert 61 Dörfer mit Deutschen bevölkert, und die Neuansiedlungen im Gebiet der "Schwäbischen Türkei" schloß man erst im 19. Jahrhundert ab.

Mit dem Frieden von Posarevac erlangte 1718 das Temescher Banat seine Freiheit wieder, in dessen Gebiet, nach Plänen des Grafen Mercy, in erster Linie Deutsche angesiedelt wurden. Der Besiedlungsprozeß dauerte bis zum Ende des Jahrhunderts.

Die Wiederbesiedlung Südungarns ging in drei großen Etappen vor sich (Abb. 24):

1. Während der Herrschaft Kaiser Karls III. (1711–1740) brachte man in 46 Dörfern etwa 15.000 Neusiedler unter, die damals aus der Gegend von Köln, Frankfurt am Main, Strassburg und Trier kamen.

2. Unter Maria Theresia (1740–1780) ließen sich, aufgrund des Erlasses der Königin von 1763, rund 40.000 Neusiedler in der Batschka nieder, hauptsächlich aus Elsaß-Lothringen, Trier, dem Schwarzwald, Baden-Baden, Tirol und der Schweiz, aber auch aus der Steiermark und sogar aus dem Zipserland.

3. König Joseph II. (1780–1790) gab 1782 ein Siedlungspatent aus, woraufhin sich der sog. große Schwabenzug in Bewegung setzte, mit dem seinerzeit 7600 Familien in ihrer neuen Heimat eintrafen.

Infolge dieser Siedlungspolitik hatte Ungarn, dessen Bevölkerungszahl sich damals auf 9,2 Millionen belief, an der Wende vom 18. auf das 19. Jahrhundert schon etwa 1,1 Millionen deutschsprachige Einwohner. In einzelnen Gebieten des Landes änderten sich die Proportionen entschieden zugunsten der Deutschen: Burgenland 65%, Tolnau und Branau 67%, Batschka 44%, Banat 42%, Zipserland 37%.

Hinsichtlich ihrer Beschäftigung waren die Einwanderer überwiegend Landwirte und Handwerker, aber auch viele Bergleute kamen. In jedem Dorf gab es einen Geistlichen und einen Schulmeister. Verordnungen bestimmten das Aussehen des Dorfes und seinen Grundriß, den Typ der Häuser, die Abmessungen der Straßen und Grundstücke. Die Umsiedler bekamen ein Hausgrundstück, dazu Garten, Acker, Wiese, Weide, eventuell Vieh, Futter, Geräte und ein Darlehen. Ganz Unbegüterte allerdings sah man nicht gern: Mindestens 200, später dann 500 Forint mußten sie laut Vorschriften schon mitbringen.

Durch die Wiederbesiedlung bildeten sich neben den mittelalterlichen deutschen "Sprachinseln" neue heraus:

1. Ungarische Mittelgebirge (Bakonyer-, Schild-,
Geresch-Geiß-, Pilischgebirge und Ofner Bergland),
2. Schwäbische Türkei (Schomodei, Tolnau,
Branau),
3. Birkenländchen - Sathmarer Gebiet,
4. Esseg und Umgebung,
5. Batschka,
6. Banat.

Den Umsiedlern übertrug man eine gewaltige Aufgabe, die beinahe übermenschliche Kräfte erforderte. Sie sollten, im Gegenzug für die gewährten Vergünstigungen, die undurchdringlichen Wälder, von Gestrüpp überwucherten Gebiete und Sümpfe in den zurückeroberten und entvölkerten Gebieten wieder in Kulturland verwandeln.

Sie lebten sparsam und mußten vieles entbehren. Doch mit ausdauerndem Fleiß, harter und zielstrebiger Arbeit legten sie Sümpfe trocken, regulierten Flüsse, bauten schiffbare Kanäle aus, rodeten Wälder und kultivierten deren Boden (Stockäcker). Viele waren den übermächtigen Anstrengungen nicht gewachsen, viele starben an Seuchen, und dennoch erfüllten sie die gestellte Aufgabe erfolgreich und verwandelten die ihnen anvertrauten Gebiete in fruchtbare Kulturlandschaften. Zahlreiche Ungarndeutsche nahmen zur Zeit der türkischen Eroberung am Wiederaufbau und an der Verteidigung des Landes teil. Auf den Ruinen der prächtigen mittelalterlichen Denkmäler erblühte ein neuer Stil. Wie Pilze schossen im Laufe des 18. Jahrhunderts Gebäude im Stil des Barock bzw. Spätbarock, im Zopf- und Rokokostil aus dem Boden. Ihre Architekten bzw. Baumeister waren zumeist nach Ungarn übergesiedelte Deutsche:

– *Christoph Hamon (Kristóf Hamon)*, geboren um 1693, lebte ab 1728 bis zu seinem Tod in Buda/Ofen. Er baute 1740–1758 die barocke Ofner St. Annenkirche (Abb. 25) und nach 1746 die Pfarrkirche von Óbuda-Újlak (Abb. 26).

– *Franz Anton Hillebrant* war gebürtiger Wiener. Der Architekt leitete zwischen 1747 und 1797 die staatlichen ungarischen Bauvorhaben. Mit seinem Namen sind der Bau des Königspalastes von Buda (Abb. 27) und der Umbau des Klarissenklosters zum Parlamentsgebäude (1783) verbunden (Abb. 28).

– Der 1703 in Mainz geborene *Johann Heinrich Jäger (János Henrik Jäger)* starb 1783 ebenfalls in Buda/Ofen. Ab 1739 beschäftigte ihn die Stadt Ofen und anschließend die Familie Zichy.

In dieser Zeit errichtete er das Schloß Zichy in Óbuda/Altofen (Abb. 29) und die Wallfahrtskirche (1748–68) zu Máriamakk (Abb. 30).

– *Joseph Jung (József Jung)* wurde 1734 im deutschen Iglau geboren und verstarb 1808 in Pest. Er schuf, neben mehreren anderen bedeutenden Werken, 1794-1801 die griechisch-orthodoxe Kirche am Pester Petőfi-Platz (Abb. 31).

– Von *Mathäus Nepauer (Máté Nepauer)* – geboren um 1719 in Wien, gestorben 1792 in Buda/Ofen - stammt unter anderem die an der Ofner Fő utca stehende barocke Florianskapelle (1759-60) (Abb. 32).

– Einer der bedeutendsten ungarländischen Architekten des 18. Jahrhunderts war der 1690 in Salzburg geborene und 1771 in Buda/ Ofen verstorbene *Andreas Mayerhoffer (András Mayerhoffer)*. Nach seinen Plänen entstanden 1752 die Blagovestenska Kirche in Szentendre (Abb. 33), das Schloß Grassalkovich (1744-50) in Gödöllő (Abb. 34) und viele andere berühmte Bauten.

– *Philipp Ungleich (Fülöp Ungleich)*, der gebürtige Eisenstädter (Kismarton), schuf 1712-13 einen großen Teil der Dreifaltigkeitssäule (Pestsäule), die auf dem Szentháromság-Platz in Buda/Ofen steht (Abb. 35).

– Der Jesuitenpater *Georg Pray (György Pray)* (1723-1801) wurde in Érsekújvár (Neuhäusel, heute: Nové Zámky) geboren. Er hat eines der ältesten ungarischen Sprachdenkmäler, die sog. Totenklage, entdeckt. Pray war es auch, der auf die finnougrischen Beziehungen der ungarischen Sprache hinwies.

– Der erste Pester Buchdrucker, *Sebastian Landerer (Sebestyén Landerer)*, kam 1724 von Wien nach Pest. Seinem Sohn, *Johann Michael (János Mihály)*, gehörten 1750 die Pressburger, 1774 die Kaschauer und 1784 die Pester Druckerei. 1764 gab er die erste ungarländische Tageszeitung — die Pressburger Zeitung — heraus, deren Chefredakteur *Karl Gottlieb Windisch* war. Im Jahr 1784 wurde Landerer für seine Tätigkeit geadelt.

Aktiv beteiligten sich die nach Ungarn übersiedelten Deutschen (z. B. Samuel Topperczer, Jakob Kray, Martin Lányi) auch an der Verteidigung der neuen Heimat. Orbán Czelder war Offizier unter Fürst Ferenc Rákóczi II.

Das von Joseph II. am 11. Mai 1784 erlassene Edikt, in dem er Deutsch zur offiziellen Sprache in Ungarn erklärte, stieß bei der ungarischen Nation auf wenig Begeisterung, entfachte ihren Widerstand und führte zu Konflikten zwischen Ungarn und Deutschstämmigen. Der Geistliche *Josef Puksch* aus Tolnau und der sächsische Pfarrer *Stephan Ludwig Roth* erhoben ihre Stimme gegen die immer stärker werdenden ungarischen Assimilierungsbestrebungen, die Mitglieder der Deutschen Kreises von Pressburg oder der Deutschen Gesellschaft von Ödenburg (Sopron) vertraten das sich entfaltende deutsche Nationalbewusstsein.

Mehrere deutsche Bürger Ungarns unterstützten aber auch den damals erwachenden nationalen Widerstand der Ungarn bzw. die Reformideen. So beispielsweise der Pressburger Lehrer *Tobias Gottfried Schröder* (1791–1850) oder Eduard Glatz (1812–1889), Redakteur der *Pester Zeitung*, der Archäologe und Kunsthistoriker *Imre Henszlmann* (1813–1888), der Erdkundler *János (Hunsdorfer) Hunfalvy* (1820–1888) und sein als Sprachforscher tätiger Bruder *Pál* (1810–1891), oder *Ferenc (Schedel) Toldy* (1805–1875), der Vater der wissenschaftlichen ungarischen Literaturgeschichtsforschung (Abb. 36), die sich neben der Bewahrung ihrer Nationalität auch stark für die Sache des Ungartums engagierten.

Als Hauptgegner des ungarischen Freiheitskampfes von 1848/49 erwiesen sich die Siebenbürger Sachsen, während die in anderen Gegenden Ungarns lebenden Deutschen an der Seite der Ungarn kämpften und für die Freiheit Ungarns sogar ihr Leben opferten. Fünf(!) der 13 nach der Niederschlagung des Freiheitskampfes, am 6. Oktober 1849, in Arad von den Österreichern hingerichteten Generale waren Ungarndeutsche: *József Schweidl, Ernő Pöltenberg, Lajos Aulich, György Lahner und Graf Károly Leiningen-Westerburg* (Abb. 37–41).

Die politische, industrielle, landwirtschaftliche, kulturelle und bürgerliche Entwicklung Ungarns im 19. Jahrhundert wurde von vielen Deutschstämmigen mitgetragen. Um 1900 war die Mehrzahl der ungarländischen Facharbeiter deutscher Abstammung, der Anteil der ungarischen Arbeiterschaft in den Fabriken betrug nur 50%. *Antal Dreher* (1810–1863), der die Bierbrauerei in Kőbánya gründete, kam aus Wien. Dem Schweinfurter *András Mechwart* (1834–1907) verlieh man 1899 für die Entwicklung des ungarischen Maschinenbaus das Adelsdiplom. *Ábrahám Ganz* (1814–1867), der Gründer der Ganz-Werke, war gebürtiger Schweizer (Unter-Embrach). Der in Kőszeg (Güns) geborene István Röck (1773–1850) baute zusammen mit seinem Sohn gleichen Namens eine Landmaschinenfabrik auf, und der in der Batschka (Szabadka/Maria-Theresiopel/Subotica) aufgewachsene *Antal Törley (Anton Schmierl)* gründete die weltweit berühmte Sektkelterei von Budafok.

Ede Weber (1843–1935), ein Landwirt aus der Schweiz, begann 1890 mit schweizerischem Kapital, auf 2000 Morgen Land zwischen Kecskemét und Kiskunfélegyháza eine Weinpflanzung anzulegen, wo er als erster den Flugsand durch Rebstöcke band. 1952 bildete sich aus der Ansiedlung unter dem Namen Helvécia eine Gemeinde.

Viel taten auch die namhaften Vertreter des Geisteslebens und Künstler für ihre neue Heimat. Am berühmtesten unter ihnen sind vielleicht der Arzt *Ignác Fülöp Semmelweis* (1818–1865), Bezwinger des Kindbettfiebers, *Gusztáv Thirring* (1861–1941), Begründer der historischen Statistik Ungarns, die Kunsthistoriker *Arnold Schoen* (1887–1973) und *Flóris Ferenc Rómer* (1815–1889), die Historiker *Jakab Rupp* (1800–1879), *Gyula Pauler* (1841–1903) und *György Ráth* (1828–1905), *Manó Kogutowitz* (1851–1908), Begründer der ungarischen Karthographie, die Archäologen *József Hampel* (184–1913) und *János (Érdy) Luczenbacher* (1796–1871) (letzterer legte in Székesfehérvár [Stuhlweissenburg] das einzige authentische mittelalterliche ungarische Königsgrab frei), der aus Hessen stammende *József Budenz* (1836–1892), Vater der ungarischen Linguistik, und *Teréz Brunswick* (1775–1861), die Gründerin der ersten Kindergärten in Ungarn.

Der Geburtsort von *Károly Lotz* (1833–1904), eines der berühmtesten "ungarischen" Maler, war Homburg von der Höhe. Er schuf unter anderem die Fresken in der Pester Redoute, in der Ofner Matthiaskirche, im Parlament, im Dom zu Pécs, in der Pester St. Stephansbasilika sowie die Decke des Opernhauses (Abb. 42).

Mihály Munkácsy (1844–1900), einer der größten ungarischen Nationalmaler, wurde als Kind von Leo Lieb und Cecilia Reök geboren. *Franz Liszt/Ferenc Liszt* (1811–1886) war der erste Direktor der Musikakademie. *Franz Erkel/Ferenc Erkel* (1810–1893) komponierte neben mehreren Nationalopern auch die ungarische Nationalhymne (Abb. 43).

Die Architektur des 19. Jahrhunderts, die der Nachwelt hauptsächlich Bauten klassizistischen, romantischen und eklektischen Stils hinterließ, prägte das Antlitz Ungarns, besonders aber seiner Hauptstadt Budapest, entscheidend. Die führenden Architekten dieser Zeit waren fast ausnahmslos deutscher Abstammung. Nach Plänen des in Wien geborenen *Mihály Pollack* (1772–1855) wurde 1837-46 das Ungarische Nationalmuseum erbaut (Abb. 44). *Frigyes Schulek* (1841–1919) leitete die Restaurierungsarbeiten der Ofner Matthiaskirche (1873-96), er entwarf die Fischerbastei (1895–1903) und das Postament der Statue Stephans des Heiligen (Abb. 45-47). *Miklós Ybl* (1814–1891) nennt man den Vater der ungarischen Renaissance. Nach seinen Plänen und unter seiner Leitung entstanden unter anderem das Pester Opernhaus (1875–84) und die St. Stephansbasilika (ab 1867) (Abb. 48–49).

Imre Steindl (1839–1902) begann 1884 mit dem Bau des neogotischen Parlamentsgebäudes (Abb. 50) und schuf 1897–1900 die am Pester Rózsák tere (Platz der Rosen) stehende

Pfarrkirche St. Elisabeth (Abb. 51). Nach Plänen von *Ignatius Schöckl (Ignác Alpár)* (1835–1928) wurde 1896 in Pest das Pendent der Burg Vajdahunyad errichtet (Abb. 52), für die Entwürfe der 1859–64 im romantischen Stil erbauten Pester Redoute zeichnete *Frigyes Feszl* (1821–1884) verantwortlich (Abb. 53). Die Vorfahren von *Ödön Lechner* (1845–1914) stammten aus Bayern. Die namhaftesten der nach seinen Plänen entstandenen öffentlichen Gebäude sind das Kunstgewerbemuseum (1891–96) (Abb. 54) und das Geologische Institut (1898–99) (Abb. 55). *Alajos Hauszmann* (1847–1926) schuf die Pläne für das Gebäude der Kurie (heute: Ethnographisches Museum) (Abb. 56) und das Hauptgebäude der Technischen Universität (Abb. 57). *József Hofrichter* (1779–1835) leitete 1816 den Bau der reformierten Kirche am Kálvin-Platz (Abb. 58). Nach Plänen von *József Hild* (1789–1867) wurden 1830–37 der Dom zu Eger (Erlau) (Abb. 59) und ab 1840 die Esztergomer (Graner) Basilika errichtet (Abb. 60).

Albert Schickedanz (1846–1915) hat sich um die Gestaltung des Budapester Heldenplatzes verdient gemacht. Er trug wesentlich zu den Plänen für die Kunsthalle (Abb. 61) und das Museum der Schönen Künste bei (Abb. 62), er entwarf den Sockel des Millenium-Denkmals (1896). Auch die Skulpturen des Denkmals (Abb. 63) sind Werke eines ungarndeutschen Künstlers, von *Georg Mayer (György Zala)* (1858–1937), der darüber hinaus das in der Burg zu Buda stehende Honvéd-Denkmal (1892) (Abb. 64) sowie die Bronzestatue der Königin Elisabeth (1932) (Abb. 65) schuf. *Alajos Stróbl* (1856–1926) schenkte der Hauptstadt Budapest herrliche Plastiken: den Matthiasbrunnen (1904) (Abb. 66) und die Statue Stephans des Heiligen (1906). Der von Temeschwarer Schwaben abstammenden *Karl Kosch (Károly Kós)* (1883–1977) wurde bereits für einen der großen Ungarn des 20. Jahrhunderts gehalten. Er war als Architekt, aber auch als Schriftsteller und Dichter bekannt.

Im Ungarn der Jahrhundertwende kann man von einer gleichermaßen natürlichen wie gewaltsamen Ungarisierung sprechen. Stark war die Assimilation im Falle des in den Städten wohnhaften Deutschtums, aber auch die Tätigkeit der Kirchen und die Mischehen ließen das Ungarisieren zur moralischen Pflicht werden. Eines der Merkmale der in den 1930er Jahren in Mode gekommenen Ungarisierung von Namen war, daß Neulehrer mit deutschem Namen kaum eine Anstellung fanden. Noch 1898 verpflichtete ein Gesetz die Dörfer mit rein deutscher Einwohnerschaft, nur den ungarischen Namen ihrer Siedlung zu benutzen. In den letzten Jahrzehnten der Türkenherrschaft hatte sich die Umgebung Ofens — der ganze Donauwinkel — entvölkert, ihre Ortsnamen gerieten in Vergessenheit. Erst die Neusiedler gaben den umliegenden Bergen, Bächen usw. neue — zumeist deutsche — Namen. In den Jahren der Jahrhundertwende wurden diese durch erneute Namengebung (Schwabenberg, Sváb-hegy = Széchenyi-hegy) oder mittels Spiegelübersetzung (Adlerberg = Sas-hegy) ungarisiert.

Als natürliche Reaktion darauf kam es zum Ausbau der ersten deutschen Organisationen. 1906 gründete der Banat-Deutsche *Dr. Ludwig Kremling* eine neue Partei, neben ihr bestand jedoch auch die 1876 gegründete Volkspartei der Siebenbürger Sachsen weiter. Von *Jakob Bleyer* (1874-1933) wurde der Deutsch-Ungarische Volksrat und 1924 der Ungarländische Deutsche Volksbildungsverein gegründet. Darüber hinaus war er Begründer des Sonntagsblattes und der Wissenschaftsmagazins Deutsch-Ungarische Heimatblätter (1929–33). *Rudolf Brandsch* leitete den Deutschen Volksrat für Ungarn. Im Jahr 1938 gründete man den aus mehreren Organisationen — Frauenschaft, Deutsche Volkshilfe, Landesbauernschaft, Amt für Rassen und Bevölkerungspolitik, Deutsche Jugend — bestehenden Volksbund der Deutschen in Ungarn und organisierte später die Volksdeutsche Kameradschaft unter Leitung von *Ferenc Basch*.

Unter den spezifischen historischen Verhältnissen knüpfte der Volksbund seine Beziehungen zu Hitlerdeutschland immer enger. Das Bárdossy-Ribbentropp-Abkommen von 1942 genehmigte 20.000 ungarländischen Schwaben, sich freiwillig zur deutschen Wehrmacht zu melden. Und nach der Besetzung Ungarns durch die Deutschen (19. März 1944) war die ungarische Regierung der SS sogar bei der Zwangsrekrutierung der Schwaben behilflich. Diese Vorkomnisse dienten nach dem Krieg als Anlaß zur kollektiven Bestrafung der Ungarndeutschen. Laut Verordnung des Innenministeriums vom 14. Mai 1945 durften die deutschen Familienmitglieder ebenso wie Alte und Kranke interniert werden.

Auf Befehl der sowjetischen Besatzer wurden in den ungarischen Städten Menschen deutschen Namens und deutscher Abstammung — selbst Kinder unter 17 Jahren — versammelt, die man dann in sowjetische Arbeitslager verschleppte. Infolge der menschenunwürdigen Transport- und Versorgungsumstände dezimierte sich ihre Zahl schon auf der langen Reise. In den Arbeitslagern Sibiriens und anderer entfernter Gegenden der Sowjetunion mußten die, nach Meinung der Ortsansässigen, ungarländischen deutschen "Faschisten" bei schlechtester Ernährung, ohne ein Mindestmaß an hygienischen Einrichtungen und oftmals bei Temperaturen von -50° C Zwangsarbeit verrichten. Briefe durften sie nur in den seltensten Fällen schreiben oder erhalten, ihre medizinische "Versorgung" war katastrophal. 20 Prozent von ihnen kamen während der drei- bis fünfjährigen Gefangenschaft ums Leben. Diejenigen, die mehr Glück hatten, konnten nach Hause zurückkehren. Hier gaben ihnen die kommunistischen Milizen zu verstehen, daß es besser sei, wenn sie den Mund hielten oder von ihrem herrlichen Urlaub in der Großen Sowjetunion erzählten, da man sie ansonsten wieder zurückschicken würde... Selbst von den dort verstorbenen Opfern durfte niemand erfahren.

Die Einwohnerschaft der schwäbischen Dörfer Ungarns erwarteten - gleichfalls als kollektive Strafe - andere Schrecken. Noch 1941 gab es in Ungarn eine Volkszählung. Wer sich auf dem Fragebogen als Deutschstämmiger oder deutscher Muttersprache bekannt bzw. seinen ungarisierten Namen wieder eingedeutscht hatte oder einfach nur ein schönes Haus besaß, wurde aus Ungarn vertrieben. Gehen mußte auch, wer Angehöriger eines deutschen Waffenverbandes oder Mitglied des Volksbundes gewesen war.

Für die ungarische Regierung wurde die Aussiedlung der Ungarndeutschen zu einem dringenden Problem, da die aus der Bukowina verjagten Szekler sowie die infolge des Bevölkerungsaustauschs aus der Slowakei und der Karpatoukraine eintreffenden Ungarn untergebracht werden mußten. Nach den Potsdamer Verhandlungen drängte der sowjetische Generalleutnant Swiridow, stellvertretender Leiter der Alliierten Kontrollkommission, die ungarische Regierung bereits, auf Anweisung Moskaus 400–450.000 deutsche Einwohner "auszusiedeln".

Im Frühjahr 1945 wurde die Vertreibung von allen politischen Kräften Ungarns unterstützt, mit Ausnahme der Sozialdemokratischen Partei. Der Kommunist Mátyás Rákosi und der links stehende Imre Kovács von der Bauernpartei schlugen vor, die Deutschen ganz zu vertreiben. Außenminister János Gyöngyösi gab zu, daß die ungarische Regierung um die Möglichkeit der "Aussiedlung" ersucht habe, allerdings nur im Falle des "ungarnfeindlichen" Schwabentums. Rákosi drängte auf eine "kollektive Bestrafung des deutschen Volkes".

Die ersten Viehwaggons, vollgestopft mit deutschen Vertriebenen, rollten am 19. Januar 1946 von Budaörs (Wudersch) in Richtung Deutschland. Außer einem wenige Kilogramm wiegenden Bündel durften sie nichts mitnehmen. Ihr Haus, ihre Möbel, das Vieh, die Maschinen, die bestellten Felder, mit einem Wort alles, was sie und ihre Vorfahren sich über mehrere Generationen hinweg in harter Arbeit erschaffen hatten, mußten sie hier lassen.

In den schwäbischen Dörfern verblieben nach der Vertreibung höchtens 6–10–12% deutsche Einwohner. Die Zahl der Vertriebenen wird auf 200.000 geschätzt. 135.000 bauten sich in der BRD, 50–60.000 in der DDR ein neues Leben auf (Abb. 67). Das ungarländische Deutschtum war enthauptet: es hatte seine Intellektuellen, seine führende Schicht verloren. Auch den Hiergebliebenen erging es nicht besser. Wie jeder ungarische Staatsbürger durften sie alle Segnungen der kommunistischen Diktatur und sowjetischen Besetzung "genießen". Hinzu kam, daß sie langezeit als Staatsbürger zweiten Ranges bzw. "Faschisten" galten. Bis in die siebziger Jahre war es eher von Nachteil, wenn sie versuchten, in ihrer Muttersprache zu kommunizieren.

Heute leben in Ungarn offiziell rund 200.000 Deutsche, und wahrscheinlich noch einmal mindestens ebenso viele ganz oder teilweise Deutschstämmige, die laut Volkszählungsangaben Ungarn sind.

Die auf der letzten Stufe der Assimilation stehende deutsche Minderheit Ungarns verfügt über zehn zweisprachige Gymnasien und Mittelschulen, sie hat mehrere kulturelle, kirchliche und Jugendvereine, ein Theater (Szekszárd/Seksard) sowie ein TV- und Radioprogramm.

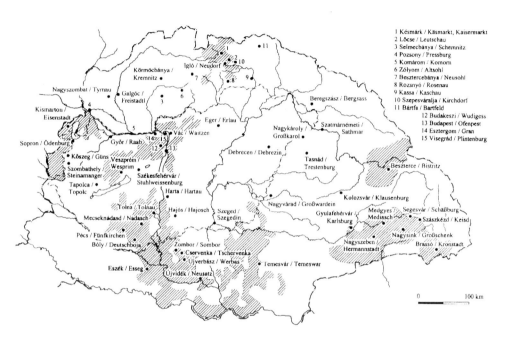

Abb. 24 Die deutschen Sprachinseln Ungarns im Mittelalter und nach dem Vertrag von Trianon (Zeichnung: Sándor Ősi)

Literatur

A Képes Krónika [Die Bilderchronik] (Faksimile-Ausgabe). Békéscsaba 1987, 142.
Johannes Albrecht, Tscherwenka. Pannonia VIg. Freilassing 1955, 119.
Kálmán Benda (Chefred.), Magyarország történeti kronológiája I-IV. [Historische Chronologie Ungarns I-IV.] Budapest 1981, 1982, 1983.
Hermann und Alida Fabini, Kirchenburgen in Siebenbürgen. Leipzig 1985, 242.
Dr. Franz Follath (Red.), Budakeszi-Wudigeß. Heidelberg 1986, 335.
Miklós Füzes (Red.), Die Geschichte der Ungarndeutschen von der Zeit Stephans des Heiligen bis zur Gegenwart. Pécs 1977, 118.
Zsuzsa Gáspár-Jenő Horváth (Red.), Királyok könyve [Buch der Könige]. Budapest 1987, 224.
Vendel Hambuch (Red.), Németek Budapesten [Deutsche in Budapest]. Budapest 1998, 473.
Josef Hengl, Hant und die Geschichte seiner deutschen Dorfbewohner. Hanter Gedenkschrift 1980, 30.
Josef Hengl, 22 Jahre Hant. O.J., 36.
Gyula Herein, Gróf Zichyek uradalma Budakeszin [Herrschaftsgut der Grafen Zichy in Budakeszi]. Budakeszi 1994, 16.
Gyula Herein, Fejezetek Budakeszi történetéről [Kapitel aus der Geschichte von Budakeszi]. O.J., 95.
Károly Manherz (Red.), A magyarországi németek [Die Ungarndeutschen]. Változó Világ 23. Budapest 1998, 128.
Paul Niedermaier, Der mittelalterliche Städtebau, Band 1. Heidelberg 1996, 328.
Dr. Béla Pusztai, Unser berühmtes Weindorf, Wieland. Pécs 1999, 137.

Abb. 25 Budapest, Fő utca, St. Annenkirche

Abb. 26 Óbuda-Újlak, Pfarrkirche

Abb. 27 Buda, Königspalast

Abb. 28 Buda, Úri utca, ehemaliges Klarissenkloster

Abb. 29 Óbuda, Schloß Zichy

Abb. 30 Budakeszi/Wudigeß, Gnadenkirche zu Máriamakk

Abb. 31 Pest, Petőfi tér, griechisch-orthodoxe Kirche

Abb. 32 Budapest, Fő utca, Florianskapelle

Abb. 33 Szentendre, Blagovestenska-Kirche

Abb. 34 Gödöllő, Schloß Grassalkovich

Abb. 35 Buda, Dreifaltigkeitsdenkmal

Abb. 36 Ferenc Toldy/Schedel   **Abb. 37** József Schweidel

Abb. 38 Ernő Pöltenberg   **Abb. 39** Lajos Aulich

Abb. 40 György Lahner **Abb. 41** Graf Károly Leiningen-Westerburg

Abb. 42 Budapest, die Deckenfresken im Opernhaus

Abb. 43 Budakeszi/ Wudigeß, Fő utca, Büste des Ferenc Erkel

Abb. 44 Budapest, Ungarisches Nationalmuseum

Abb. 45 Buda, Matthiaskirche

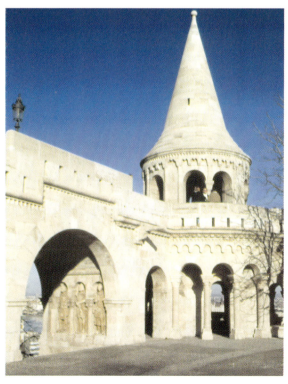

Abb. 46 Buda, Fischerbastei

Abb. 47 Buda, Statue Stephans des Heiligen

Abb. 48 Budapest, Opernhaus

Abb. 49 Budapest, St. Stephansbasilika

Abb. 50 Budapest, Parlamentsgebäude

Abb. 51 Budapest, Rózsák tere, Pfarrkirche St. Elisabeth

Abb. 52 Budapest, Burg Vajdahunyad

Abb. 53 Budapest, Redoute

Abb. 54 Budapest, Kunstgewerbemuseum

Abb. 55 Budapest, Geologisches Institut

Abb. 56 Budapest, ehem. Kurie, heute: Gebäude des Ethnographischen Museums

Abb. 57 Budapest, Hauptgebäude der Technischen Universität

Abb. 58 Budapest, Kálvin tér, reformierte Kirche

Abb. 59 Eger, Dom

Abb. 60 Esztergom, Basilika

Abb. 61 Budapest, Kunsthalle

Abb. 62 Budapest, Museum der Schönen Künste

Abb. 63 Budapest, Millenium-Denkmal

Abb. 64 Buda, Honvéd-Denkmal

Abb. 65 Budapest, Bronzeplastik der Königin Elisabeth

Abb. 66 Buda, Matthiasbrunnen

Abb. 67 Frühjahr 1946. Aus Budakeszi vertriebene Deutsche besteigen die Waggons
(von Anton und Eva Deberle)